BUSINESS-SPICKER

Marketing Grundwissen

D1730182

Dr. Rahild Neuburger

Sonderausgabe

© Genehmigte Sonderausgabe

Alle Rechte vorbehalten. Nachdruck,
auch auszugsweise, nur mit ausdrücklicher
Genehmigung des Verlages gestattet.

Titelabbildung: www.fotolia.de (pressmaster)
Typografischer Entwurf: Axel Ganguin
Umschlaggestaltung: Axel Ganguin

ISBN 978-3-8174-6484-5
5464841

Inhalt

Vorwort

Die praktischen Ratgeber der Reihe „Business-Spicker" bieten schnelle und kompetente Hilfe zu allen berufsrelevanten Themen. Sie richten sich an alle, die im Beruf weiterkommen und ihre eigenen Kenntnisse verbessern wollen.

Wirtschaftlich schwierigere Zeiten, in denen die Märkte gesättigt sind oder stagnieren, verlangen neue, innovative Lösungsansätze im Marketing. Märkte, Zielgruppen, Kundenwünsche, Wettbewerbssituationen sowie rechtliche und staatliche Rahmenbedingungen ändern sich fortwährend. Immer neue Denkansätze, Wege und Instrumente im Marketing schaffen zusätzliche Potenziale zur Erreichung primärer Marketingziele wie die Neukundengewinnung oder Kundenbindung. Wie lassen sich Chancen nutzen, Risiken meistern und Wettbewerbsvorteile gezielt ausbauen?

Jedes Unternehmen hat das Ziel, seinen Absatz zu steigern und erfolgreich am Marktgeschehen teilzunehmen. Marketing ist dabei weitaus mehr als nur ein Instrument zur Absatzförderung. Denn: Marketing ist alles! Marketing ist jede Unternehmensentscheidung, die zum Wohle des Kunden getroffen wird. Marketing ist heute Steuerungshebel, roter Faden in der Unternehmensplanung und wichtigstes Kriterium in der Zukunftssicherung einer Organisation. Immer mehr erfolgreiche Unternehmen erkennen diese Tatsache und richten ihr Marketing entsprechend aus.

Dieser Band zeigt, welche Aktivitäten nötig sind, um Ihr Unternehmen entsprechend auszurichten. So beschäftigt er sich z. B. mit den Bedeutungen, Aufgaben und Inhalten des Marketings, Marketingkonzepten, Marketingzielen und Marketingstrategien. Darüber hinaus werden die klassischen Marketinginstrumente Produkt-, Preis, Kommunikations- und Distributionspolitik dargestellt. Die neuesten Entwicklungen im Bereich Marketing werden berücksichtigt, indem auch das Dienstleistungsmarketing, das Customer-Relationship-Marketing, das Direktmarketing, das One-to-One-Marketing und das Onlinemarketing behandelt werden.

Viel Erfolg!

1. Marketing: Bedeutung, Aufgaben und Inhalte

Marketing ist ein Kunstwort, das aus den englischen Wörtern „market" und „bring" gebildet wurde. So verstanden, heißt Marketing eigentlich „bring to the market". Mittlerweile versteht sich Marketing als Denkhaltung, die auf den Markt ausgerichtet ist und sich auf sämtliche Funktionen und Ebenen im Unternehmen bezieht. Marketing ist das zentrale Konzept jeder marktorientierten Unternehmensführung. Vor diesem Hintergrund interessiert uns in diesem ersten Kapitel:

- welche Kernbegriffe und Kernkonzepte dem Marketing zugrunde liegen,
- wie sich das Marketing entwickelt hat,
- wie Marketing und Marktforschung zusammenhängen,
- welche Aufgaben das Marketing hat,
- welche Ziele das Marketing verfolgt,
- welche Schritte für die Entwicklung einer Marketingkonzeption erforderlich sind.

1.1 Grundlegende Begriffe

Im Marketing sind einige grundlegende Begriffe und Konzepte wichtig, die im Folgenden näher beschrieben werden.

1. Markt

Traditionell betrachtet, handelt es sich bei einem Markt um denjenigen Ort, an dem Anbieter und Nachfrager zusammentreffen, um bestimmte Produkte auszutauschen. Typische Beispiele sind Wochenmärkte oder auch Flohmärkte in verschiedenen Städten.

Mittlerweile verwenden wir den Begriff etwas anders: Unter Markt wird die Gesamtheit der potenziellen bzw. tatsächlichen Nachfrage einer Leistung verstanden. Denn die Zusammenkunft von Anbietern und Nachfragern findet ja nicht mehr persönlich statt. Heute werden die Waren etwa im Einzelhandel – z. B. in Kaufhäusern oder Discountläden – oder auch virtuell über das Internet erworben.

Spricht man also z. B. vom Markt für Mineralwasser in Deutschland, ist die in einem definierten Zeitraum – z. B. einem Jahr – gekaufte Menge an Mineralwasser gemeint. Bewertet man diese abgesetzte Menge in Geld-

Infobox

Der Markt für Mineralwasser hatte übrigens im Jahr 2006 einen Umfang von 12985 Mio. Litern und hatte sich damit seit 1990 verdoppelt, als er 6930 Mio. Liter betrug. Der Pro-Kopf-Verbrauch stieg dabei von 82,7 Litern im Jahr 1990 auf 132 Liter im Jahr 2006.

einheiten, spricht man davon, dass der Markt für ein bestimmtes Produkt oder eine bestimmte Leistung einen bestimmten Eurobetrag ausmacht.

2. Transaktionen

Als Transaktionen werden die Austauschprozesse bezeichnet, die auf einem Markt stattfinden. Normalerweise wird dabei Geld für eine bestimmte Leistung – z. B. für ein Produkt – bezahlt. Zum eigentlichen Transaktionsprozess gehören jedoch noch weitere Komponenten, die bei der Gestaltung des Angebotes berücksichtigt werden müssen. Erwirbt ein Kunde beispielsweise einen PKW, erwartet er die von ihm gewünschte Ausstattung, die Lieferung zum vereinbarten Termin sowie die Bereitstellung eines Netzes von Werkstätten, zu denen er sein Auto zur Wartung und Reparatur bringen kann. Im Gegenzug erwartet der PKW-Händler die

---

Infobox

Häufig unterscheidet man materielle und immaterielle Transaktionen. Bei materiellen Transaktionen findet ein materieller Austausch – z. B. Buch gegen Geld – statt. Dagegen findet bei immateriellen Transaktionen ein Tausch in Form von Informationsprozessen statt – z. B. Software gegen Kreditkartennummer. Außerdem gibt es das sogenannte Bartergeschäft – hier werden Produkte gegen Naturalien getauscht.

---

pünktliche Zahlung des vereinbarten Preises sowie eventuell die Weiterempfehlung des Händlers durch den zufriedenen Käufer.

3. Bedürfnisse

Bedürfnis ist einer der wesentlichen Kernbegriffe des Marketings. Unter einem Bedürfnis wird ein Ausdruck des Mangels an Zufriedenheit verstanden. Typische Bedürfnisse sind Hunger, Wärme und Sicherheit; aber auch das Bedürfnis nach Anerkennung und Selbstverwirklichung sowie nach Erholung und Bildung. Diese Bedürfnisse sind im Menschen vorhanden und müssen nicht erst durch das Marketing erzeugt werden. Mit den Mitteln des Marketings wird jedoch versucht, den Menschen die Bedürfnisse bewusst zu machen und sie befriedigen zu wollen.

Bedürfnisse werden einerseits vom jeweils zugrunde liegenden Anspruchsniveau und andererseits von den zur Verfügung stehenden Möglichkeiten reguliert. Diese bestimmen, welche Alternative der Bedürfnisbefriedigung zum Zuge kommt – ob z. B. der Wein für 34 € pro Flasche erforderlich ist oder ob das Bedürfnis nach Rotwein auch durch den Wein für 2 € gestillt werden kann.

In Abhängigkeit des Anspruchs sowie der jeweiligen finanziellen Möglichkeiten entsteht also ein konkreter Bedarf, der eine entsprechende Handlung auslöst. Bedarfe lassen sich somit als die mit Kaufkraft ausgestatteten Bedürfnisse verstehen.

Zur Klassifizierung der verschiedenen Bedürfnisse des Menschen wird mitunter auf die Pyramide von Maslow zurückgegriffen. Sie teilt die menschlichen Bedürfnisse in die fünf folgenden Kategorien ein, wobei die erste Kategorie das Fundament der Pyramide darstellt und die letzte Kategorie deren Spitze: 1. Grund- oder Existenzbedürfnisse, 2. Sicherheit, 3. Zugehörigkeit zu einer bestimmten Gruppe, 4. Achtung und Wertschätzung, 5. Selbstverwirklichung. Maslow geht dabei davon aus, dass ein höheres Bedürfnis erst dann entsteht, wenn die Bedürfnisse auf den unteren Ebenen gestillt sind.

4. Produkte

Im weiteren Sinne wird unter Produkt all das verstanden, was die Bedürfnisse des Menschen befriedigen kann. Dabei kann es sich um Folgendes handeln:

- materielle Produkte oder Sachgüter wie z. B. PKWs, Kleidungsstücke oder Nahrungsmittel,
- Dienstleistungen wie z. B. der Haarschnitt bei einem Friseur oder die Beratungsleistung einer Steuerberatung,
- immaterielle Produkte wie z. B. Software oder auch das aus dem Internet heruntergeladene Musikstück,
- Leistungsbündel aus der Kombination materieller und immaterieller Komponenten. Typisches Beispiel ist

der Verkauf einer Waschmaschine (Sachprodukt) in Kombination mit einem Wartungs- und Serviceangebot (Dienstleistung).

> **Infobox**
>
> Auch das Image bzw. die Marke stellen immaterielle Produktkomponenten dar, für die so mancher bereit ist, einiges zu bezahlen, und die somit wichtige Bestandteile des Leistungsbündels sind. So macht es für viele doch einen Unterschied, ob sie Markenprodukte oder No-Name-Produkte tragen.

5. Angebot und Nachfrage

Die Gesamtheit der Produkte und Leistungen, die Unternehmen auf Märkten anbieten, wird als Angebot bezeichnet. Die Nachfrage geht vom Kunden aus; letztlich handelt es sich um das Verlangen nach den am Markt angebotenen Gütern. Voraussetzung hierfür ist zum einen das Bedürfnis bzw. der Wunsch, ein bestimmtes Gut zu erwerben, zum anderen die Fähigkeit und Bereitschaft des Nachfragers, für den Kauf dieses Produktes auch zu bezahlen.

Am Beispiel von Luxusgütern wird dies besonders deutlich: Viele Menschen haben den Wunsch nach bestimmten Produkten, besitzen aber nicht die finanziellen Möglichkeiten, für diese Produkte den geforderten Preis zu bezahlen. Diese Wünsche zählen nicht zur Nachfrage.

Daher ist es für Unternehmen wichtig – z. B. mit den Methoden des Marketings – herauszufinden, welche Personen nicht nur den Wunsch nach bestimmten Produkten haben, sondern sich diese auch tatsächlich leisten können, um die Nachfrage realistisch einschätzen zu können.

Nachfrager können einerseits Privatpersonen sein, die auch Konsumenten oder Endverbraucher genannt werden; es kann sich aber auch andererseits um Unternehmen oder Organisationen – wie z. B. Verbände, Vereine – oder den Staat handeln.

6. Kundenzufriedenheit

Kunden sind mit dem Kauf eines bestimmten Produktes oder der Erstellung einer Leistung dann zufrieden, wenn ihre zugrunde liegenden Erwartungen erfüllt sind und in ihrer subjektiven Einschätzung der Nutzen eines Produktes höher als die entstandenen Kosten ist. Kundenzufriedenheit bzw. Customer Satisfaction drückt somit aus, ob die Erwartungen, die der Kunde beim Kauf des Produktes hatte, mit den Erfahrungen, die der Kunde bei der Nutzung des Produktes gemacht hat, übereinstimmen. Für Unternehmen ist dies ein wichtiger Punkt, da es im Endeffekt teurer ist, neue Kunden zu gewinnen oder unzufriedene Kunden zurückzugewinnen. Daher spielen auch Maßnahmen der Kundenbindung eine immer größere Rolle.

Auf einen Blick

Die Kernbegriffe des Marketings sind:

→ **Markt** als Ort des Zusammentreffens von Angebot und Nachfrage bzw. als die Gesamtheit der potenziellen respektive tatsächlichen Nachfrage nach einem Produkt oder einer Leistung,

→ **Transaktionen** als Austauschprozesse, die auf einem Markt stattfinden,

→ **Bedürfnisse** als Ausdruck des Mangels an Zufriedenheit,

→ **Bedarf** als mit Kaufkraft ausgestattete Bedürfnisse,

→ **Produkt** als Mittel zur Befriedigung von Bedürfnissen – verstanden als materielles Produkt, immaterielles Produkt, Dienstleistung oder Leistungsbündel,

→ **Angebot** als Gesamtheit, die von Unternehmen auf dem Markt angeboten wird, und **Nachfrage** als Bedürfnisse, gekoppelt mit der Fähigkeit und Bereitschaft, dafür zu bezahlen,

→ **Kundenzufriedenheit** als Grad der Übereinstimmung zwischen Erwartungen an ein Produkt oder eine Leistung vor dem Kauf und Erfahrungen mit diesem Produkt oder dieser Leistung nach dem Kauf.

1.2 Die Entwicklung des Marketings

Im Laufe der Zeit veränderten sich die Schwerpunkte des Marketings. Hierfür waren die jeweiligen wirtschaftlichen Rahmenbedingungen, aber auch Wertvorstellungen und gesellschaftliche Entwicklungen verantwortlich. Grob lassen sich vier Phasen unterscheiden:

1. Die Produktion steht im Vordergrund

In der ersten Phase – ca. 1900 bis 1920 – hatte das Marketing primär die Aufgabe, die erstellten Produkte am Markt abzusetzen bzw. zu verkaufen. Zu dieser Zeit wurde auch nicht von Marketing, sondern von Absatzwirtschaft gesprochen. Unter diesem Namen existieren heute noch viele Lehrbücher und Konzepte.

> **Infobox**
>
> In der damaligen Zeit herrschten die sogenannten Verkäufermärkte vor. Das bedeutete, dass die Nachfrage das Angebot überstieg und Unternehmen für ihre Produkte meistens Nachfrager fanden. Daher konnten sich die Marketingaktivitäten auch auf den Verkauf beschränken. Heute ist das anders – das Angebot übersteigt die Nachfrage, sodass wir die sogenannten Käufermärkte haben.

Nach dem zweiten Weltkrieg – so um das Jahr 1950 herum – wurden die Verkaufsaktivitäten in Form von Werbung ergänzt. An der grundsätzlichen Verkaufsfunktion des Marketings hat sich jedoch nichts geändert. Die Nachfrage war größer als das Angebot, sodass so ziemlich alles verkauft werden konnte, was hergestellt wurde. Unternehmen mussten sich nicht – so wie heute – über die Bedürfnisse der Kunden Gedanken machen; aufgrund der Knappheit der Güter gab es genug Käufer.

In Folge konzentrierten sich die unternehmerischen Entscheidungen auf die Optimierung der Produktions- und Beschaffungsbedingungen. Das zeigt auch eine der ersten Marketingdefinitionen der American Marketing Association (AMA) im Jahr 1947: „Marketing ist die Durchführung von Geschäftsaktivitäten, die den Fluss von Gütern und Dienstleistungen zum Konsumenten bewirken." Verkauf und Verteilung standen im Vordergrund.

> **Infobox**
>
> „Sie können den Wagen in jeder Farbe haben, solange er schwarz ist." Dieser berühmte Ausspruch von Henry Ford aus dem Jahre 1923 verdeutlicht das damals vorherrschende Konzept: Die Produktion stand im Vordergrund; der Kunde musste das Auto so nehmen wie es produziert wurde.

2. Der Verkauf steht im Vordergrund

Doch die Zeiten änderten sich – mit dem wirtschaftlichen Aufschwung in den 50er- und 60er-Jahren des 20. Jahrhunderts bekam das Marketing neue Impulse und veränderte seinen Geltungsbereich. Zunehmende Spezialisierung und Arbeitsteilung, die immense technische Entwicklung sowie die damit einhergehenden Rationalisierungen führten zu einer Sättigung der Märkte, die Nachfrage war gestillt. In Folge mussten sich die Unternehmen mehr um die Kunden und ihre Bedürfnisse kümmern, denn die Konkurrenz schlief nicht. Also mussten die Unternehmen ihre Absatz- und Verkaufsbemühungen verstärken. In dieser Zeit entstand das Konzept des Marketingmix, das heute noch eine wichtige Rolle spielt und an späterer Stelle vorgestellt wird. Es fasst sämtliche Aktivitäten und Strategien zusammen, die sich auf Produkt, Preis, Kommunikation und Vertrieb beziehen und mit denen der Verkauf der Produkte gesteigert werden kann.

3. Der Markt steht im Vordergrund

Doch auch die umfassende Anwendung dieses Marketingmix reichte nicht aus. Marketing im Sinne einer stärkeren Ausrichtung auf den Kunden und den Markt gewann eine immer größere Bedeutung; ehemals priorisierte Funktionen wie Produktion und Beschaffung traten eher in den Hintergrund. Die Folge war die Verankerung des Marketings mit der Führungs- und Organisationsstruktur der Unternehmung (1980 – 1990). Dabei wurde der Begriff der marktorientierten Unternehmensführung geprägt: Das Unternehmen soll als Ganzes marktorientiert geführt werden. Marketingmanagement und strategisches Management wurden in dieser Zeit integriert; die Marketingstrategie wurde als ein zentrales Element der Unternehmensstrategie definiert. Vor diesem Hintergrund versteht sich Marketing als Denkhaltung, die alle Funktionen in sich vereint und auf den Markt ausrichtet.

4. Der Kunde steht im Vordergrund

Doch seit 1990 ist das Marketing wieder im Umbruch: Man konzentriert sich jetzt noch mehr auf den Kunden. Vor diesem Hintergrund entstehen neuere Marketingkonzepte, zu denen beispielsweise zählen:

- das Customer-Relationship-Management, bei dem die Optimierung der Beziehung zum Kunden im Vordergrund steht. Typisches Beispiel ist die heute gängige Kundenkarte. (Vgl. Kapitel 9)
- das One-to-One-Marketing, bei dem auf den Kunden bezogene individuelle Marketingmaßnahmen durchgeführt werden sollen und der Kunde direkt angesprochen wird. (Vgl. Kapitel 6)
- die Mass-Customization, durch die es heute möglich ist, individuelle und maßgeschneiderte Massenfertigung zu realisieren. Einerseits gelingt es dadurch, Produkte in großen Mengen herzustellen, wodurch

die Produktionskosten geringer werden. Andererseits entsprechen diese Produkte den individuellen Bedürfnissen der Kunden. Typische Beispiele sind Autos, Schuhe, PCs etc. So stellt mittlerweile jedes produzierte Auto eine individuelle Einzellösung dar, die auf die Wünsche des Kunden ausgerichtet ist.

> **Infobox**
>
> Sein „individuelles" Produkt kann sich der Kunde mittlerweile häufig schon über das Internet zusammenstellen. Dies gelingt mit sogenannten Produktkonfiguratoren, mit denen verschiedene zugrunde liegende Komponenten zusammengestellt werden. Derartige Konfiguratoren werden z. B. in der Automobilbranche angeboten.

Auf einen Blick

Als Entwicklungsschritte lassen sich erkennen:
→ die Konzentration auf die Produktion: Produzieren so viel man kann, denn die Nachfrage ist gesichert,
→ die Konzentration auf den Verkauf: Verkaufen, was man produziert hat,
→ die Konzentration auf den Markt und den Kunden: Produzieren, was dem Kunden individuellen Nutzen bringt.

1.3 Marktforschung – das richtige Werkzeug

Es wurde deutlich: Marketing stellt eine Denkhaltung bzw. eine Unternehmensphilosphie dar, die sich auf alle Funktionen und Ebenen im Unternehmen bezieht und die auf den Markt bzw. Kunden ausgerichtet ist. Die Bedürfnisse des Marktes bzw. der Kunden stehen dabei im Vordergrund. Voraussetzung für die Durchführung von Marketingstrategien ist es, diese Kundenbedürfnisse zu kennen und zu bewerten.

Dies ist Aufgabe der Marktforschung, bei der es sich um einen kontinuierlichen, systematischen und auf wissenschaftlichen Methoden basierenden Prozess handelt. Mit diesem Prozess wird das Marktgeschehen sowie das Unternehmensumfeld beobachtet, um Informationen über den Markt und den Kunden zu gewinnen und zu analysieren. Das primäre Ziel ist es, Marketingentscheidungen zu finden und abzusichern, aber auch markt- und kundenorientiert neue Produkte zu entwickeln bzw. bestehende Produkte entsprechend zu verändern und anzupassen.

Die Marktforschung stellt dabei eines der wichtigsten Werkzeuge des Marketings dar, sie liefert aber auch Entscheidungshilfen für andere Unternehmensbereiche, v. a. für das Controlling.

Zu den wichtigsten Methoden der Marktforschung zählen:

- schriftliche Befragungen, z. B. von Kunden, der Zielgruppe,
- mündliche Befragungen und Interviews,
- telefonische Befragungen,
- Onlinebefragungen,
- Beobachtungen, z. B. des Kundenverhaltens,
- Experimente, in denen die Kunden aus verschiedenen angebotenen Produkten eines oder mehrere auswählen können,
- Panels (die mehrfache Erhebung derselben Variablen, z. B. Qualität oder Preis eines Produktes, an den gleichen Untersuchungsobjekten, z. B. einer bestimmten Kunden- oder Zielgruppe, zu verschiedenen Zeitpunkten),
- Einsatz eines Testkäufers – auch Mystery Shopper genannt –, der in die Rolle eines Käufers schlüpft, um z. B. die Qualität von Beratungsleistungen zu prüfen. Typisches Beispiel ist der „Käufer", der bei einem Herrenausstatter einen Anzug kaufen möchte und dabei testet, wie er beraten wird, wie auf seine Wünsche und Fragen eingegangen und wie freundlich und zuvorkommend er behandelt wird.

Ein Beispiel mag das Vorgehen bei der Marktforschung nochmals verdeutlichen: Ziel ist die Entwicklung eines neuen Pausensnacks, der bisher noch nicht auf dem

Markt bekannt ist. Mithilfe der Marktforschung sollen die Erwartungen der definierten Zielgruppe an das Produkt festgestellt werden. Als Methoden hierfür werden gewählt: Befragung der Zielgruppe, Gruppengespräche mit Vertretern der Zielgruppe, Interviews mit zufällig ausgewählten Personen der definierten Zielgruppe bezüglich den zugrunde liegenden Produktmerkmalen.

> Bei den bisher genannten Erhebungsmethoden der Marktforschung spricht man auch von Primärforschung oder Feldforschung, da sie sich auf den Markt bzw. das Feld beziehen. Daneben gibt es noch die Sekundärforschung oder das Deskresearch, bei der die Auswertung vorhandener Informationen erfolgt, die in früheren Forschungszusammenhängen erhoben worden sind.

Auf einen Blick

Ein wichtiges Werkzeug des Marketings stellt die Marktforschung dar, da sie
→ Marktgegebenheiten, Kundenbedürfnisse etc. systematisch untersucht und dabei
→ Methoden der Primär- und Sekundärforschung anwendet.

1.4 Aufgaben des Marketings

Entsprechend der Definition, dass Marketing marktorientierte Unternehmensführung bedeutet und Märkte als Gesamtheit der Nachfrage gelten, lässt sich die wesentliche Aufgabe des Marketings wie folgt eingrenzen: Marketing beschäftigt sich primär mit der Nachfrage nach den derzeitigen und zukünftigen Angeboten des Unternehmens. Diese Nachfrage soll dabei nicht nur passiv entgegengenommen werden. Im Gegenteil – es wird vielmehr versucht, mithilfe des Marketinginstrumentariums die Nachfrage aktiv zu beeinflussen.

Vor diesem Hintergrund wird die Grundaufgabe des Marketings in der Literatur z. B. wie folgt definiert: Aufgabe des Marketings ist es, das Niveau, den zeitlichen Ablauf und das Wesen der Nachfrage so zu beeinflussen, dass damit zur Erreichung der Unternehmensziele beigetragen werden kann.

Wie sich dies konkret realisieren lässt, hängt immer auch von der spezifischen Nachfragesituation auf den einzelnen Märkten ab. Hier sind völlig unterschiedliche Marktsituationen anzutreffen. Typische Beispiele sind:
- fehlende Nachfrage,
- stagnierende oder zurückgehende Nachfrage wie z. B. bei Mobiltelefonen,

- steigende Nachfrage, z. B. nach Gesundheitsprodukten,
- oder auch zu geringe Nachfrage im Vergleich zum Angebot – typisches Beispiel ist in manchen Städten die Nachfrage nach Mietraum.

Viele Nachfragesituationen bleiben nicht konstant, sondern ändern sich im Zeitablauf. Ein Beispiel ist die Nachfrage nach Pauschalreisen, die in Ferienzeiten stärker ist als in Nichtferienzeiten. An diesem Beispiel lässt sich zeigen, welche Aufgaben dadurch das Marketing hat. Es muss versucht werden, die Nachfrage zu beeinflussen, um die saisonalen Einflüsse möglichst zu glätten. Konkret bedeutet dies, dass die Preise an die Nachfrage angeglichen werden und die Pauschalreisen in Ferienzeiten teurer sind als in Nichtferienzeiten. Dies bedeutet aber auch, dass gezielt nach Zielgruppen – wie z. B. Rentner – gesucht wird, mit denen die Nichtferienzeiten ausgeglichen werden können.

Auf einen Blick

Die primäre Aufgabe des Marketings ist die Beeinflussung der jeweiligen Nachfrage, um die Ziele des Unternehmens erreichen zu können, und zwar in Abhängigkeit der jeweils zugrunde liegenden Nachfragesituation.

1.5 Ziele des Marketings

Mit dem Marketing von Produkten und Leistungen werden viele verschiedene Ziele verfolgt. Grob lassen sie sich in ökonomische und außerökonomische Ziele differenzieren.

Ökonomische Ziele
Zu den ökonomischen Zielen zählen:

1. Absatz
Hier handelt es sich um die Menge an Produkten oder Leistungen, die auf dem Markt verkauft wird.

2. Umsatz
Der Umsatz ergibt sich aus der abgesetzten Menge multipliziert mit den realisierten Preisen.

3. Deckungsbeitrag
Dieser ergibt sich nach Abzug der direkt der Erstellung und Vermarktung eines Produktes zurechenbaren Kosten vom Umsatz. Er zeigt an, inwieweit es durch den Verkauf dieses Produktes gelingt, die Fixkosten des Unternehmens zu decken. Wird beispielsweise mit dem Verkauf eines Produktes ein Deckungsbeitrag von 5 € erzielt, bedeutet dies, dass jedes verkaufte Produkt mit 5 € zur Deckung der Fixkosten des Unternehmens beiträgt.

4. Marktanteil

Beim Marktanteil handelt es sich fast um das wichtigste Ziel des Marketings. Er gibt an, wie das gesamte Marktvolumen, d. h. die tatsächlich abgesetzte Menge an Produkten auf einem Markt, unter den beteiligten Wettbewerbern aufgeteilt ist.

Angenommen, auf dem Markt für Lakritze und Fruchtgummi hat eine bestimmte Firma einen Marktanteil von 60 %, bedeutet dies, dass 60 % aller verkauften Fruchtgummis und Lakritzen von dieser Firma stammen.

Außerökonomische Ziele

Neben den ökonomischen Zielen gibt es aber noch viele außerökonomische Ziele, die das Marketing verfolgt. Hierzu zählen:

> **Infobox**
>
> AIDA steht im Marketing nicht für den Namen einer Oper des italienischen Komponisten Verdi, sondern für ein Marketingkonzept, bei dem es darum geht, Aufmerksamkeit zu erzeugen und den Bekanntheitsgrad zu steigern. Hinter AIDA stehen die englischen Begriffe: Attention – Interest – Desire – Action. Sie bedeuten, dass man zunächst Aufmerksamkeit herstellen muss, um das Interesse zu erwecken, einen Wunsch zu erzeugen und die Kaufaktion zu forcieren.

1. Bekanntheit

Sie spielt eine wichtige Rolle, denn viele kaufen lieber Produkte von einem bekannten Hersteller als von einem Hersteller, dessen Namen man noch nie gehört hat.

2. Image

Bekanntheit bzw. Aufmerksamkeit sind eine erste wichtige Voraussetzung auf dem Weg, seine Produkte und Leistungen an den Kunden zu bringen. Notwendig ist aber auch, dass die eigenen Produkte positiv bewertet werden und sich ein positives Image entwickelt. Das Image zu ändern ist schwierig. Denn letztlich handelt es sich um eine Einstellung, die meistens relativ festgefügt ist und die nicht so ohne Weiteres angepasst werden kann.

Als Beispiel können wir den Hersteller eines Autos annehmen, dessen Image eher als spießig, konservativ und altmodisch gilt. Auch wenn dieser Hersteller seine Autos komplett erneuert, ihnen ein neues Design verpasst und sie technisch und funktionell auf den neuesten Stand bringt, wird es zumindest kurzfristig kaum möglich sein, die Einstellungen und das Image zu ändern.

3. Distributionsgrad

Der Distributionsgrad ist eine wichtige Zielgröße für diejenigen Unternehmen, die ihre Produkte über den Handel verkaufen. Konkret geht es darum, festzustellen, in wie vielen aller möglichen Geschäfte eines bestimmten Typs die eigenen Produkte vertreten sind. Denn nur, wenn das Produkt vertreten ist, hat es eine Chance, vom Kunden wahrgenommen zu werden. Die Entscheidung darüber, ob das Produkt vertreten ist oder nicht, trifft aber in der Regel nicht der Hersteller des Produktes, sondern das jeweilige Geschäft oder der Handel.

4. Wiederverkaufsrate

Unter der Wiederverkaufsrate eines Produktes versteht man den Anteil derjenigen Käufer, die das Produkt nach dem erstmaligen Kauf in einem bestimmten Zeitraum zum zweiten Mal erwerben. Gerade bei der Einführung neuer Produkte stellt dieser Wert für das Marketing eine wichtige Zielgröße dar. So kann eine niedrige Wiederverkaufsrate frühzeitig ein Warnsignal sein und über eine mögliche Unzufriedenheit der Käufer mit dem Produkt Auskunft geben. Und bei einer hohen Wiederverkaufsrate ist besonders darauf zu achten, dass die Kunden nicht enttäuscht werden.

> **Infobox**
>
> Wiederverkaufsraten sind in den jeweiligen Branchen unterschiedlich hoch. Dies hängt von den verschiedenen Arten des Kaufverhaltens ab. So sind bei gewohnheitsmäßigem Kaufverhalten die Wiederverkaufsraten sehr viel höher als bei Abwechslung suchendem Kaufverhalten.

5. Kundenzufriedenheit

Kunden sind dann zufrieden, wenn ihre Erwartungen erfüllt sind und aus ihrer subjektiven Sicht der Nutzen eines Produktes höher ist als die entstandenen Kosten. Sind Kunden mit ihrer Kaufentscheidung unzufrieden, werden sie beim nächsten Kauf auf Produkte von anderen Wettbewerbern ausweichen. Das Erreichen einer möglichst hohen Kundenzufriedenheit stellt damit das zentrale Marketingziel dar.

Auf einen Blick

Zu den wichtigsten Marketingzielen zählen:
➔ ökonomische Ziele wie Umsatz, Deckungsbeitrag, Absatz, Preise und Marktanteil,
➔ außerökonomische Ziele wie Bekanntheit, Image, Distributionsgrad, Wiederverkaufsrate und Kundenzufriedenheit.

1.6 Basis: Marketingkonzept

Die bisherigen Ausführungen zeigen: Marketing wird immer wichtiger und bedarf einer fundierten Planung und Konzeptionierung. Nur so kann der Prozess der markt- und kundenorientierten Unternehmensführung allen Betroffenen einsichtig und transparent gemacht werden. Marketing ist kein Ad-hoc-Management! Welche Schritte gehören nun zu einem sinnvollen Marketingkonzept?

1. Ausgangsbedingungen: Die Situationsanalyse

Eine Marketingkonzeption beginnt sinnvollerweise mit einer Situationsanalyse. Dabei sind sämtliche Komponenten und Informationen, die die besondere Situation der Unternehmung prägen und für die marktorientierte Unternehmensführung wichtig sind, systematisch zu erheben und auszuwerten. Dabei geht es v. a. um folgende Fragestellungen:

- Unternehmensanalyse: Wo liegen die Stärken und Schwächen des Unternehmens allgemein oder einzelner Geschäftsfelder?
- Marktanalyse: Wie lassen sich die Leistungsbeziehungen bestimmen, wie lässt sich der Markt abgrenzen und wie ist die Marktattraktivität zu bestimmen?
- Umfeldanalyse: Welche Bezugsgruppen existieren, zu denen sich das Unternehmen in direkten oder indirekten Austauschbeziehungen befindet?

Während die Markt- und Umfeldanalyse zur Identifikation potenzieller Chancen und Risiken führt, geht es bei der Unternehmensanalyse primär darum, die Situation des Unternehmens zu beurteilen. Dabei geht es v. a. um Faktoren der:

- Unternehmensphilosophie, d. h. Unternehmenspolitik, Unternehmensleitbild, Unternehmensvision, Unternehmensziele etc.,
- Unternehmenspotenziale, d. h. wo liegen die Stärken und Schwächen des Unternehmens,
- Unternehmensressourcen, d. h. welche Stärken und Schwächen existieren in Bezug auf Sachmittel, Finanzmittel, Personal, Führungskräfte etc.,
- Unternehmensposition am Markt, d. h. welche Markt- und Wettbewerbssituation hat das einzelne Unternehmen.

Auf einen Blick

Im ersten Schritt der Marketingkonzeption wird die Situation des Unternehmens in Bezug auf die folgenden Stärken und Schwächen analysiert:
→ im Unternehmen,
→ im Umfeld,
→ am Markt.

2. Die Definition von Marketingzielen

Marketingziele haben eine doppelte Funktion. Einerseits stellen sie anzustrebende Sollzustände dar, die im Sinne einer marktorientierten Unternehmensführung alle unternehmerischen Zielbereiche beeinflussen. Andrerseits erfüllen sie im operativen Bereich konkrete Steuerungsfunktionen. Zu den klassischen Marketingzielen gehören:

- Marktanteile,
- Absatzmengen,
- Image,
- Bekanntheitsgrad.

Diese klassischen Marketingziele sind wichtig, erfassen aber – gerade vor dem Hintergrund einer marktorientierten Unternehmensführung – noch nicht alle relevanten Marketingziele. Sinnvoller erscheint eine Differenzierung in:

- potenzialbezogene Marketingziele, bei denen es v. a. um Image, Bekanntheitsgrad oder Einstellung zum Kunden geht,
- markterfolgsbezogene Marketingziele, die sich auf Absatz, Marktanteil, Kundenloyalität, Kauffrequenz, Preisniveau etc. beziehen und der Realisierung des Potenzials entsprechen,
- ökonomische Marketingziele, zu denen Umsatz, Marketingkosten, Deckungsbeitrag, Gewinn und Umsatzrendite zählen.

Infobox

Marketingziele müssen präzise, messbar und umsetzbar sein. Nur so können sie optimal koordiniert, bewertet und kontrolliert werden.

Im zweiten Schritt werden Marketingziele festgelegt, die Folgendes betreffen:

→ das zugrunde liegende Potenzial wie Image und
  Bekanntheitsgrad,

→ die Realisierung dieses Potenzials wie Absatz,
  Marktanteil oder Kundenloyalität,

→ die ökonomische Seite wie Umsatz oder
  Deckungsbeitrag.

3. Marketingstrategie

Die Realisierung der festgelegten Ziele gelingt nur über
die Formulierung einer entsprechenden Marketingstrategie. Diese muss immer flexibel sein, um auf die sich
ändernden Verhältnisse reagieren zu können. Letztlich
bildet sie den leitenden Gedanken, um Marktposition
und Wettbewerbsvorteile des Unternehmens zu sichern.
Dies gelingt jedoch nur, wenn:

- die Probleme von dem jeweiligen Unternehmen besser gelöst werden als von der Konkurrenz,
- die verbesserte Lösung ein für den Kunden wesentli-
  ches Qualitäts- und Leistungsmerkmal betrifft,
- der Kunde diese Lösung auch wahrnimmt,
- die verbesserte Lösung von den Wettbewerbern nicht
  kurzfristig übernommen werden kann.

Vor diesem Hintergrund müssen im Rahmen einer Marketingstrategie folgende Punkte definiert werden:

Die **übergreifende Marktfeldstrategie** bezieht sich auf einzelne Geschäftsfelder oder das ganze Unternehmen. Dabei werden vier Strategien unterschieden:

Strategie	Prinzip
Marktdurchdringung	Intensivierung des Angebots bestehender Produkte auf existierenden Märkten
Marktentwicklung	Erschließung neuer Märkte mit vorhandenen Produkten
Produktentwicklung	Auftreten mit neuen Produkten auf bisher bekannten Märkten
Diversifikation	Angebot neuer Produkte auf neuen Märkten

> **Infobox**
>
> Ordnet man die vier genannten Strategien einer Matrix zu, bei der vorhandene und neue Produkte bestehenden und neuen Märkten gegenübergestellt werden, entsteht die sogenannte Ansoff-Matrix, die nach ihrem Erfinder Harry Igor Ansoff benannt ist.

Bei der **Marktstimulierungsstrategie** oder **Marktim-pulsstrategie** geht es primär um das Problem, wie die Nachfrage stimuliert werden kann. Prinzipiell funktio-niert dies über den Preis- oder Leistungsvorteil. Dies führt zu vier generischen Strategien, die auch als Wett-bewerbsstrategien bekannt sind:

Strategie	Prinzip/Ziel
Kostenführerschaft	Niedrigpreise, um hohe Markt-anteile zu erreichen
Qualitäts-führerschaft	Konzentration auf bestimmte Qualitätseigenschaften
selektive Qualitätsführer-schaft	Konzentration auf Qualitäts-eigenschaften in einem be-stimmten Teilmarkt
selektive Kosten-führerschaft	Angebot der Produkte in ein-zelnen Teilmärkten zu beson-ders niedrigen Preisen

Je nach zugrunde liegender Strategie ergeben sich an-dere Ziele und Aufgaben für das Marketing.

Die **Marktparzellierung** bezieht sich auf die Art und Weise, wie ein Markt definiert bzw. abgegrenzt wird. Hier ist zu unterscheiden:

Strategie	Prinzip/Ziel
Massenmarktstrategie	Nicht differenzierte Marktbearbeitung; im Vordergrund steht die Frage nach einheitlichen Kaufgewohnheiten und Befriedigung von Grundbedürfnissen.
Marktsegmentierung	Teilung des Marktes in homogene Käufergruppen, um diese differenziert ansprechen zu können. Dies kann nach soziodemografischen, psychografischen und verhaltensrelevanten Kriterien erfolgen.

Marktarealstrategien beziehen sich schließlich auf regionale Abgrenzungen von Absatzmärkten. Hier lassen sich lokale, regionale, überregionale, nationale, multinationale, internationale und Weltmarktstrategien unterscheiden. In Zeiten der Globalisierung besteht die Frage, in welchem dieser Areale ein Unternehmen tätig werden will. Wer auch im Ausland aktiv werden möchte, sollte sich auch um die Form der Organisation Gedanken machen. So sind z. B. Auslandsfilialen, Tochtergesellschaften oder Franchise-Systeme möglich.

Auf einen Blick

Zur Realisierung der Aufgaben und Ziele des Marketings – verstanden als marktorientierte Unternehmensführung – ist die Formulierung einer Marketingstrategie erforderlich. Im Einzelnen gehört hierzu die Formulierung von:

→ Marktfeldstrategien, die sich auf strategische Geschäftsfelder bzw. das ganze Unternehmen beziehen und mit denen entschieden wird, mit welchen Produkten welche Märkte angesprochen werden,

→ Marktstimulierungsstrategien, mit denen festgelegt wird, ob Preis- oder Leistungsvorteile erzielt werden sollen,

→ Marktparzellierungsstrategien, mit denen festgelegt wird, ob der Massenmarkt oder einzelne Marktsegmente angesprochen werden sollen,

→ Marktarealstrategien, bei denen Absatzmärkte nochmals regional abgegrenzt werden.

4. Marketingmix

Unter Marketingmix versteht man die Gesamtheit der Marketingmaßnahmen und -instrumente, die das Unternehmen konkret einsetzt, um seine Marketingziele zu erreichen. Dabei hat sich die folgende Differenzierung durchgesetzt:

- **Produkt (Product)**: Maßnahmen, die sich auf das zugrunde liegende Produkt beziehen (vgl. Kap. 4),
- **Preis (Price)**: Maßnahmen, die die zugrunde liegende Preis- und Konditionenpolitik betreffen (vgl. Kap. 5),
- **Kommunikation (Promotion)**: Maßnahmen, die die zugrunde liegende Kommunikationspolitik und hier v. a. die Werbung betreffen (vgl. Kap. 6),
- **Distribution (Place)**: Maßnahmen, die die zugrunde liegende Distributionspolitik, d. h. die Verteilung der Produkte an den Kunden betreffen (vgl. Kap. 7).

> **Infobox**
>
> **Die vier klassischen Marketinginstrumente – Produkt, Preis, Kommunikation und Distribution – werden häufig nicht mehr nur als Marketingmix bezeichnet, sondern als die „4 Ps": Product, Price, Promotion und Place.**

Auch wenn sich diese vier Instrumente bis heute durchgesetzt haben und immer noch aktuell sind, gab es gerade im Zusammenhang mit dem Marketing von Dienstleistungen zunehmend Kritik. So wurde bemängelt, dass sich wichtige, besonders in diesem Bereich relevante Instrumentalbereiche nicht unter die 4 Ps einordnen lassen. Mittlerweile wurden die 4 Ps daher wie folgt erweitert (vgl. Kap. 8):

- **Personal (Personell)**: Maßnahmen der Personalpolitik, die im Bereich der Erstellung von Dienstleistungen eine wichtige Rolle spielen,
- **Prozess (Process)**: Maßnahmen, die sich auf die Gestaltung der im Unternehmen zugrunde liegenden Prozesse beziehen,
- **physische Erscheinung (Physical Facilitys)**: Maßnahmen, die sich auf die Ausstattungspolitik des Unternehmens beziehen, um die Produkte und Leistungen überhaupt erstellen zu können.

Die genannten Instrumente werden an dieser Stelle nicht ausführlicher dargestellt; auf sie wird aber in den folgenden Kapiteln näher eingegangen.

Unabhängig von der jeweiligen inhaltlichen Ausgestaltung müssen die Instrumente im Sinne eines Marketingmix sinnvoll zusammengeführt werden. Dies ist insofern nicht immer einfach, da die gewählten Instrumente möglicherweise nicht wie gewünscht zusammenpassen oder zwar bei bestimmten Märkten und Produkten in der gewünschten Weise wirken, bei anderen jedoch nicht.

Zur Unterstützung und Reduktion der Komplexität hat sich in den letzten Jahren ein Ansatz herausgebildet, der bei der Zusammenstellung eines sinnvollen Marketingmixes helfen soll. Hierbei werden für ein bestimmtes Produkt oder eine bestimmte Leistung die einzelnen infrage kommenden Marketinginstrumente den folgenden Kategorien zugeordnet:

- dominante Instrumente, die für den Markterfolg gegenüber der Konkurrenz ausschlaggebend und mit einem hohen Aufwand verbunden sind,
- komplementäre Instrumente, die ebenfalls für den Markterfolg bedeutsam sind und die Wirkung der dominanten Instrumente stützen,
- Standardinstrumente, die jeweils angewandt werden müssen,
- marginale Instrumente, die für den Markterfolg möglicherweise ohne Bedeutung sind.

Das folgende Beispiel soll dies verdeutlichen. Für das Marketing eines neuen „Stehitalieners" lassen sich folgende Kategorien erkennen:

- Standardinstrumente sind z. B. Öffnungszeiten sowie Bedienung,
- dominante Instrumente sind z. B. Standort, Preisniveau, Ausstattung oder auch Art und Qualität der angebotenen Preise und Getränke,
- komplementäre Instrumente sind Werbung, Aktionen oder auch Preisdifferenzierung,
- marginale Instrumente sind Verpackung oder der Vertrieb.

Durch das strukturierte Vorgehen und die Einteilung in verschiedene Kategorien gelingt es, sich auf die wesentlichen Instrumente zu konzentrieren.

Auf einen Blick

Zur Umsetzung der Marketing-strategien stehen verschiedene Instrumente zur Verfügung, die als Marketingmix oder die 7 Ps zusammengefasst werden: Product, Price, Promotion, Place, Personell, Process, Physical Facilitys. Da nicht immer eine konfliktfreie Abstimmung möglich ist, ist es sinnvoll, sie in einzelne Kategorien zu unterteilen: Standardinstrumente, dominante Instrumente, komplementäre Instrumente und marginale Instrumente.

5. Implementierung

Die beste Marketingkonzeption bleibt erfolglos, wenn ihre Um- und Durchsetzung im Unternehmen nicht gelingt. Deshalb muss auch die jeweils zugrunde liegende Organisationsstruktur auf die neue Marketingkonzeption abgestimmt sein.

Letztlich können Implementierung und Realisierung nur gelingen, wenn die Prinzipien der Kunden- und Marktorientierung auch organisatorisch umgesetzt werden, beispielsweise in:

- teamorientierten Prozess-Strukturen,
- dem Abbau von Zuständigkeitsbarrieren,
- der Verankerung des Prinzips der Kundenorientierung auch in unternehmensinternen Abläufen.

6. Marketingkontrolle

Schließlich müssen die Instrumente, Strukturen, Prozesse und Ergebnisse des Marketings regelmäßig überprüft werden. Dies erfolgt im Rahmen der Marketingkontrolle, die unverzichtbar ist. Sie orientiert sich an den Marketingzielen und prüft, ob die Ausrichtung der Instrumente und Aktivitäten gelungen ist. Die Marketingkontrolle hat v. a. drei Ziele:

- Ergebniskontrolle: Wurden die Aufgaben und Instrumente in der gewünschten Weise durchgeführt?
- Initiierungsfunktion: Gibt es Informationen, um weitere Entscheidungen und Maßnahmen zu bewirken?
- Lernfunktion: Welche Erfahrungen und Lerneffekte lassen sich auf andere Prozesse übertragen?

> **Infobox**
>
> Letztlich geht es im Rahmen der Marketingkontrolle v. a. um den Vergleich der gesetzten Ziele mit den tatsächlichen Ergebnissen. Die Konsequenz kann sein, dass Maßnahmen und Instrumente verändert bzw. angepasst werden müssen, oder aber, dass das Ziel und damit die ganze Marketingkonzeption verändert werden muss.

2. Ausgangspunkt: Grundlagen des Kaufverhaltens

Die Ausführungen im ersten Kapitel verdeutlichen: Letztlich entscheidet der Käufer über den Erfolg bzw. Misserfolg eines Unternehmens. Daher ist die Beschäftigung mit Käufern und deren Kaufmotiven für das Marketing von zentraler Bedeutung. Denn je besser man die Beweggründe versteht, die Menschen zum Kauf bestimmter Produkte leiten, desto eher kann man erfolgreich auf das Kaufverhalten Einfluss nehmen. In Bezug auf den Käufer interessieren v. a.:

- die zugrunde liegenden Käufertypen,
- der typische Kaufentscheidungsprozess,
- die typischen Arten des Kaufverhaltens,
- das Kaufverhalten von Konsumenten,
- das Kaufverhalten von Unternehmen.

2.1 Typisierung von Käufern

In Bezug auf die Analyse des Käuferverhaltens ist es zunächst wichtig, zu unterscheiden, mit welchem Typ von Transaktions- oder Kaufvorgang man es zu tun hat. Denn das Kaufverhalten von Menschen kann sehr unterschiedlich sein. So wird sich ein Käufer bei dem Kauf von Grundnahrungsmitteln ganz anders verhalten als bei der

Anschaffung eines Autos oder bei der Anschaffung einer neuen Produktionsanlage für ein Unternehmen. Dies ist sicherlich auch dann der Fall, wenn es sich bei Transaktionen um dieselbe Person handelt, die einmal in ihrer Rolle als Konsument agiert und beim anderen Mal die Rolle des Einkäufers im Unternehmen innehat.

Damit ist auch schon die erste wichtige Untergliederung zur Typisierung der Käufer angesprochen. Primär werden unterschieden:

- Endverbraucher oder Konsumenten, die Produkte für den privaten Ge- oder Verbrauch erwerben,
- Unternehmen, die Produkte für den Ge- bzw. Verbrauch in Unternehmen beschaffen wie z. B. Büromaterial oder ein neues EDV-System,
- öffentliche Verwaltungen, die zwar ebenfalls Produkte für den Ge- bzw. Verbrauch in Unternehmen beschaffen, dies jedoch über öffentliche Ausschreibungen machen, an denen sich jedes Unternehmen beteiligen kann.

> **Infobox**
>
> Die skizzierte Unterscheidung in Endverbraucher, Unternehmen und öffentliche Verwaltung findet sich auch in der mittlerweile etablierten Kategorisierung in BtC bzw. B2C (Business to Customer), BtB bzw. B2B (Business to Business), BtG bzw. B2G (Business to Government) wieder.

2.2 Der typische Kaufentscheidungsprozess

Unabhängig davon, ob es sich beim Käufer um Endverbraucher, Unternehmen oder öffentliche Verwaltung handelt, lässt sich der typische Kaufentscheidungsprozess in verschiedene Phasen unterteilen:

1. Problemerkennung

Zunächst erkennt der potenzielle Käufer, dass er ein bestimmtes Problem hat, das auf einem nicht erfüllten Bedürfnis oder Wunsch basiert. So hat er beispielsweise für eine kommende Einladung zu einer Hochzeit nichts anzuziehen, er hat einfach Durst oder er erkennt, dass ihm das Papier für den Drucker ausgegangen ist.

2. Informationssuche und -bewertung

Infolge sucht der potenzielle Käufer nun nach Möglichkeiten, sein Bedürfnis zu stillen bzw. den erkannten Mangelzustand zu beheben. Konkret kann dies dadurch geschehen, dass er in ein Kaufhaus oder eine Boutique geht, um sich etwas Neues zum Anziehen zu kaufen, dass er in ein Geschäft geht und nach Trinkbarem Ausschau hält oder dass er sich einen Katalog für Büromaterial nimmt und diesen durchblättert. Möglicherweise recherchiert er auch im Internet nach interessanten Einkaufsquellen.

3. Kaufentscheidung

Hat er schließlich genug Informationen gesammelt, bewertet er diese und entscheidet sich dann für ein bestimmtes Produkt. Bei der Kaufentscheidung können auch situative Einflüsse eine Rolle spielen, wie z. B. die Verfügbarkeit eines Produkts.

4. Kauf

Die Entscheidung für den Kauf eines bestimmten Produktes heißt aber noch lange nicht, dass dieses Produkt tatsächlich auch gekauft wird. So entscheiden sich viele unter dem Einfluss situativer Faktoren doch noch um. So beschließt beispielsweise der durstige Käufer zunächst, im Supermarkt ein koffeinhaltiges Erfrischungsgetränk zu erwerben. Dort angekommen, entdeckt er, dass die Apfelschorle heute zu einem Aktionspreis angeboten wird, sodass er sich letztlich für den Kauf der Apfelschorle entscheidet.

In diesem Fall stellt das Angebot des konkurrierenden Produkts den situativen Faktor dar, der zu einer veränderten Entscheidung führt. Denkbar ist aber auch, dass das gewünschte Produkt gerade nicht lieferbar ist, sodass sich der Käufer für ein anderes Produkt entscheidet. Auch die Meinung Dritter spielt häufig eine wichtige Rolle. So hat man sich beispielsweise nach vielen Internet- und Zeitungsrecherchen für einen bestimmten Fotoapparat entschieden und erfährt dann von einem

Freund, dass es doch mittlerweile einen viel besseren Apparat auf dem Markt gibt – und kauft dann diesen.

Unabhängig davon, welche situativen Faktoren jeweils verantwortlich sind, in der konkreten Kaufsituation entscheiden sich viele Käufer häufig noch um und kaufen ein anderes Produkt als zuvor geplant.

5. Nachkaufbewertung

Wichtig für das Marketing ist auch die Phase nach dem Kauf. Denn je zufriedener der Käufer mit dem gewählten Produkt ist, desto höher ist auch die Wahrscheinlichkeit, dass er das Produkt wieder kaufen wird bzw. das Produkt an andere weiterempfiehlt. Gerade hier lassen sich gezielte Maßnahmen ergreifen. Beispielsweise indem man den Käufer nach dem Kauf kontaktiert und ihn fragt, wie zufrieden er mit seinem Kauf ist. Oder indem man dem Produkt schriftliche Informationen hinzufügt, in denen der Käufer nochmals in seiner Kaufentscheidung bestärkt wird.

> **Infobox**
>
> Mitunter stellen Käufer nach dem Kauf ihre Kaufentscheidung infrage und suchen gezielt nach Informationen, mit denen sie ihre Kaufentscheidung rechtfertigen können. In der Psychologie wird dieses Phänomen auch als „kognitive Dissonanz" bezeichnet.

Auf einen Blick

Der typische Kaufprozess teilt sich in mehrere Phasen:
→ die Erkennung von Problemen, Bedürfnissen oder Wünschen,
→ die Suche nach Informationen und ihre Bewertung, um das zugrunde liegende Problem beheben bzw. die Bedürfnisse und Wünsche befriedigen zu können,
→ die Entscheidung für den Kauf eines bestimmten Produktes,
→ der Kauf, der aufgrund bestimmter situativer Bedingungen anders ablaufen kann,
→ die Bewertung nach dem Kauf.

2.3 Arten des Kaufverhaltens

Natürlich laufen nicht alle Kaufentscheidungen in den skizzierten Phasen ab. So verhält sich ein Käufer sicherlich anders, wenn er ein Toastbrot kauft, als wenn er sich überlegt, welches Auto er im nächsten Jahr für seine Familie kaufen wird. Derartige Unterschiede lassen sich mit dem sogenannten Konzept des Involvements erklären. Unter Involvement wird die Ich-Beteiligung einer Person verstanden. Sie bezeichnet sozusagen das Engagement, mit der sich ein Käufer dem Kauf eines Produktes zuwendet. Je nachdem, wie involviert ein Käufer ist, sucht er aktiv Informationen zum geplanten Kauf und beschäftigt sich mehr oder weniger intensiv mit der Informationsverarbeitung.

Die Frage, ob ein Produkt für einen potenziellen Käufer jetzt mit hohem oder niedrigem Involvement verbunden ist, hängt primär von dem subjektiv wahrgenommenen Risiko des Käufers ab. So sind High-Involvement-Produkte für den Käufer in irgendeiner Form wichtig – z. B. weil sie etwas mit seiner Persönlichkeit zu tun haben oder weil ein relativ hohes finanzielles Engagement mit dem Kauf einher geht. Typisches Beispiel ist der Kauf eines Neuwagens.

> **Infobox**
>
> Interessanterweise geht der Entscheidung über den Kauf eines Neuwagens in Deutschland im Durchschnitt eine viel längere Informationssuche und -bewertung voraus als in den USA. Während in Deutschland der hohe finanzielle Aufwand, aber auch das Image des infrage kommenden Anbieters eine wichtige Rolle spielen, werden PKWs in den USA sehr viel stärker unter pragmatischen Gesichtspunkten gekauft.

Typische Low-Involvement-Produkte sind dagegen Lebensmittel oder auch Wasch- oder Putzmittel. Die Käufer nehmen kein hohes Kaufrisiko wahr, sodass der Kaufentscheidungsprozess stark verkürzt abläuft. Häufig wird ohne irgendeine Art von Reflexion ein Produkt erworben und oft auch erst nach dem Kauf bewertet.

Für das Marketing ist es von zentraler Bedeutung, welchen Involvementgrad die Käufer beim Kauf eines Produktes mehrheitlich haben. Handelt es sich z. B. um Low-Involvement-Produkte, ist der Käufer kaum bereit, sich mit dem Kauf intensiver zu beschäftigen und relevante Informationen einzuholen. Die Bereitstellung von Informationen ist dann sinnlos und überflüssig. Anders bei High-Involvement-Produkten, bei denen der Käufer viel Wert auf Informationen im Vorfeld der Kaufentscheidung legt.

In Abhängigkeit des zugrunde liegenden Involvementgrades lassen sich verschiedene Arten des Kaufverhaltens unterscheiden:

1. Extensives Kaufverhalten
Extensives Kaufverhalten liegt vor, wenn es sich für den Kunden um einen echten High-Involvement-Kauf handelt. Er sucht lange und intensiv nach Informationen, bewertet diese und trifft erst nach reiflicher Überlegung und systematischer Abwägung der Vor- und Nachteile die Kaufentscheidung. Gleichzeitig bedeutet dies aber nicht, dass der Kunde bei seiner Entscheidung aus-

schließlich rationale Kriterien zugrunde legt. So kauft ein Käufer beispielsweise eine bestimmte Automarke, obwohl die technischen Rahmendaten und finanziellen Möglichkeiten dagegen sprechen (vgl. Kap. 2.4). Typisches Kennzeichen ist jedoch, dass Informationssuche, -bewertung und -abwägung lange dauern. Für das Marketing ist es hier entscheidend, auf dieses Informationsbedürfnis einzugehen und die vom Kunden gewünschten Informationen auch bereitzustellen.

> **Infobox**
>
> **Extensives Kaufverhalten erfordert viele Informationen; sind diese allerdings nicht einfach erhältlich oder nicht benutzerfreundlich aufgebaut, besteht schnell die Gefahr, dass sich der Käufer dem Angebot der Wettbewerber zuwendet. Also: Sowohl die Menge an Informationen als auch ihre Art und Aufmachung sind wichtig.**

2. Limitiertes Kaufverhalten

Limitiertes Kaufverhalten liegt dann vor, wenn der Kunde zwar ein relativ hohes Involvement beim Kauf hat, aber nicht unbedingt eine lange Phase der Informationssuche und -bewertung durchläuft. Dennoch überwiegen eher rationale und überlegte Entscheidungen als spontane. Im Gegensatz zum extensiven Kaufverhalten verwendet der Käufer Vereinfachungsstrategien, indem er beispielsweise nicht alle verfügbaren Kaufalternativen überprüft, sondern sich von Anfang an nur auf wenige Alternativen beschränkt. Typisches Beispiel ist der Käufer einer Spülmaschine, der sich aufgrund der bisherigen Erfahrungen für eine oder zwei Marken entscheidet und nicht überprüft, ob es vielleicht kostengünstigere Alternativen von ähnlicher Qualität gibt.

In diesem Fall müssen die Unternehmen versuchen, ihre Leistungen als attraktive Kaufalternativen in das Bewusstsein der Kunden zu bringen bzw. dafür sorgen, dass sich Kunden immer wieder an sie erinnern.

3. Gewohnheitsmäßiges Kaufverhalten

Beim gewohnheitsmäßigen Kaufverhalten zeigen die Kunden ähnliche Vereinfachungsstrategien wie beim limitierten Kaufverhalten. Schwerpunktmäßig handelt es sich allerdings um Low-Involvement-Produkte, sodass der Käufer noch weniger zu rationalen Überlegungen und zu einer mühsamen Informationssuche bereit ist. Meist hat der Kunde bereits vorgefasste Kaufentscheidungen, die er dann nur noch in die Tat umsetzt. Typische Beispiele sind der gewohnheitsmäßige Griff zu einem bestimmten Markenprodukt im Waschmittel- oder Süßigkeitenregal.

Aus der Sicht des Anbieters geht es auch hier darum, den Kunden als Gewohnheitskäufer zu halten oder ihn vom gewohnheitsmäßigen Kauf beim Wettbewerber abzubringen, um ihn von den eigenen Produkten zu überzeugen. Dies ist noch schwieriger als beim limitierten Kaufverhalten, da der Kunde ja nicht zu einer fundierten Suche und Aufnahme von Informationen bereit ist.

> **In der einschlägigen Literatur wird das gewohnheitsmäßige Kaufverhalten häufig auch als habituelles oder routinemäßiges Kaufverhalten bezeichnet.**

4. Abwechslung suchendes Kaufverhalten

Trotz niedrigem Involvement ist der Käufer mitunter relativ offen für neue Produkte. In diesem Zusammenhang spricht man auch von Abwechslung suchendem Kaufverhalten. Typisches Beispiel ist die Bereitschaft, neue Käsesorten oder auch neue Süßigkeiten auszuprobieren. Auch viele Weintrinker freuen sich, wenn sie einen ihnen unbekannten Wein im Angebot finden.

Für Anbieter ist es in dieser Situation vergleichsweise einfach, die Käufer zum Ausprobieren ihres Angebotes zu bewegen. Wir kennen es alle – die wechselnden Probierstände im Supermarkt, bei denen neue oder leicht veränderte Produkte angeboten werden. Was aber für den einen Anbieter leicht ist, gilt auch für den Konkurrenten; so wandern die Käufer möglicherweise genauso schnell zum Wettbewerber ab.

Interessanterweise ist das Abwechslung suchende Kaufverhalten schwerpunktmäßig bei Konsumenten und praktisch nie bei Einkäufern von Unternehmen anzutreffen.

5. Impulsives Kaufverhalten

Beim impulsiven Kaufverhalten reagiert der Käufer entweder automatisch oder ungeplant. Ohne großes Nachdenken wird hier ein bestimmtes Produkt spontan erworben, weil es dem Käufer gefällt. Die meisten derartigen Impulsivkäufe laufen ungeplant ab.

Fast 50 % der deutschen Bevölkerung geben an, öfter spontan Kleidung einzukaufen. Insgesamt wird geschätzt, dass etwa 10 – 20 % aller Kaufvorgänge echte Impulsivkäufe sind.

Auf einen Blick

Die Intensität und Länge des Kaufprozesses hängt letztlich vom zugrunde liegenden Involvement ab: Bei Low-Involvement-Produkten ist der Prozess der Informationssuche und -bewertung kürzer als bei High-Involvement-Produkten. Aus der

Sicht des Marketings spielt das zugrunde liegende Kaufverhalten des potenziellen Käufers eine wesentliche Rolle. Zu unterscheiden ist:

→ das extensive Kaufverhalten, dem eine längere Phase der Informationssuche und -bewertung zugrunde liegt,

→ das limitierte Kaufverhalten, dem eine längere Phase der Informationssuche und -bewertung zugrunde liegt, bei der der Käufer aber auf Vereinfachungsstrategien zurückgreift,

→ das gewohnheitsmäßige Kaufverhalten, bei dem der Käufer auf die ihm bekannten Produkte zurückgreift,

→ das Abwechslung suchende Kaufverhalten, bei dem der Verkäufer offen für neue und andere Produkte ist,

→ das impulsive Kaufverhalten, bei dem spontane Käufe überwiegen.

2.4 Das Kaufverhalten von Konsumenten

Konsumenten bzw. Endverbraucher kaufen anders als Unternehmen – dies erstaunt nicht, denn viele Kaufentscheidungsprozesse beim Konsumenten laufen nicht rational ab, sondern sind von einer Reihe weiterer Faktoren beeinflusst. Hierzu zählen v. a.:

- Marke, Image oder auch Marketingmaßnahmen des Anbieters,
- wirtschaftliche bzw. konjunkturelle Gegebenheiten,
- Kultur, in der der Endverbraucher aufwächst und lebt, und die z. B. die Präferenzen für Nahrungsmittel bedingt (aber auch Subkulturen wie Religionsgruppen, geografische Regionen oder Schichten beeinflussen das Kaufverhalten),
- Bezugsgruppen wie Familie, Freundeskreis, Kollegen,
- persönliche Faktoren wie Alter, Lebensabschnitt, Beruf, Einkommen oder die Persönlichkeit,
- psychologische Faktoren wie Motivation, Wahrnehmung, Einstellung – hier ist es z. B. wichtig, ob das Streben nach Prestige, Geborgenheit oder auch Jugendlichkeit eine Rolle spielt oder welche Einstellung gegenüber dem Anbieterunternehmen existiert.

Infobox

Zur Analyse des Käuferverhaltens wird auf das S-O-R-Modell zurückgegriffen: S steht dabei für Stimulus und beschreibt externe Faktoren, die auf den Kauf einwirken, O bedeutet Organismus und umfasst die inneren Vorgänge im Konsumenten, und R steht für Response und meint damit den Kauf oder Nichtkauf eines Produktes.

2.5 Das Kaufverhalten von Unternehmen

In Unternehmen werden Kaufentscheidungen anders getroffen als bei Endverbrauchern. Dies hängt zunächst damit zusammen, dass:

- der überwiegende Anteil von Kaufentscheidungen in Unternehmen von mehreren Personen getroffen wird,
- Käufe von Unternehmen stärker formalisiert sind – typisches Beispiel ist die Existenz bestimmter Verfahrensvorschriften für den Kaufvorgang,
- es sich häufig um Wiederholungskäufe handelt, die routinemäßig ablaufen und bei denen keine ausführlichen Informationen eingeholt werden,

Kaufentscheidungen in Unternehmen werden häufig von sogenannten Buying-Centern getroffen. Dabei handelt es sich um ein Gremium verschiedener Personen, die gemeinsam über einen Einkaufs- und Beschaffungsprozess entscheiden. In diesem Buying-Center sind z. B. die folgenden Gruppen vertreten: Benutzer, Einkäufer, Entscheider, Beeinflusser, die z. B. bestimmte Forderungen stellen, sowie Gatekeeper oder Moderatoren, die den internen Informationsfluss kontrollieren und die Zusammenkünfte entsprechend moderieren.

- verschiedene Umweltfaktoren auf das Kaufverhalten von Unternehmen einwirken wie z. B. Gesetze, die von Unternehmen umweltfreundlichere Produkte verlangen, oder Anforderungen der Kunden, die bestimmte Komponenten in den Endprodukten fordern,
- technologische Aspekte einen gravierenden Einfluss auf Kaufentscheidungen haben wie z. B. der Einsatz einer bestimmten Produktionstechnologie, wodurch sich der Kreis möglicher Zulieferer einschränkt.

Auf einen Blick

Entscheidend für das Marketing ist die Kenntnis darüber, dass:

→ als potenzielle Käufer Endverbraucher, Unternehmen oder die öffentliche Verwaltung infrage kommen,

→ sich der Kaufentscheidungsprozess in die Phasen Problemerkennung, Informationssuche, Kaufentscheidung, Kauf und Nachkaufbewertung teilt,

→ das Kaufverhalten extensiv, limitiert, gewohnheitsmäßig, Abwechslung suchend und impulsiv sein kann,

→ das Kaufverhalten auf der Seite der Konsumenten und auf der Seite der Unternehmen von weiteren Faktoren beeinflusst wird.

3. Voraussetzung: Marktsegmentierung

Vor der Entscheidung, auf welchen Märkten man tätig sein möchte, ist es notwendig, die Märkte genauer zu analysieren und zumindest gedanklich in Teilmärkte zu zerlegen. Dies ist das Grundkonzept der Marktsegmentierung. Unter Marktsegmentierung versteht man die Aufteilung des Grundmarktes für ein Produkt in Teilmärkte bzw. Segmente, die sich zwar untereinander klar unterscheiden, in sich aber jeweils möglichst ähnlich bzw. homogen sind.

Ziel einer derartigen Marktsegmentierung ist die Ausrichtung der Marketingaktivitäten auf die unterschiedlichen Bedürfnis- und Verhaltensmerkmale der einzelnen Segmente. Um eine Marktsegmentierung durchführen zu können, sollte man:

- die Kriterien einer typischen Marktsegmentierung kennen,
- wissen, wie Zielmärkte konkretisiert werden können,
- die wichtigsten Marktbearbeitungsstrategien kennen.

Die Marktsegmentierung sollte sich weder in einer Vielzahl von Einzelsegmentierungen verlieren, noch sich zu stark auf nur ein Segment konzentrieren und damit andere Segmente aus den Augen verlieren.

3.1 Kriterien einer typischen Marktsegmentierung

Üblicherweise erfolgt die Marktsegmentierung nach verschiedenen Kriterien, die sich grob danach unterscheiden lassen, ob wir in einem Endverbraucher- oder Unternehmensmarkt agieren.

Zu den typischen Kriterien im Endverbrauchermarkt zählen zunächst:
- geografische Kriterien wie Wohnort, Region oder Land,
- demografische und sozioökonomische Kriterien wie Alter, Geschlecht, Einkommen oder Bildungsstand,
- gruppenbezogene Kriterien wie soziale Schicht, Familienstand, Zahl und Alter der Kinder,
- psychografische Kriterien wie Persönlichkeitsmerkmale, Einstellungen, Bedürfnisse, Kaufmotive oder Lebensstil.

Daneben werden Kriterien zugrunde gelegt, die das Kauf- und Verwendungsverhalten der Konsumenten widerspiegeln. Zu ihnen zählen:
- Einkaufsstättenwahl wie z. B. Geschäftspräferenzen oder Geschäftstreue,
- Produktwahl wie z. B. Käufer/Nichtkäufer, markentreue Käufer oder Markenwechsler,

61

- Verwendungsverhalten wie z. B. Intensivverwender, Verwendungsort,
- Preisverhalten wie z. B. Kaufverhalten bei Preisveränderungen, Sonderangeboten, Rabatten, Preisaktionen etc.
- Mediennutzung wie z. B. Art und Häufigkeit der genutzten Medien.

> **Infobox**
>
> Es liegt nahe, dass diese und weitere Kriterien schon bei der Bestimmung des unternehmerischen Produkt- und Leistungsprogramms zugrunde gelegt werden. Allerdings werden sie vom Käufer häufig anders wahrgenommen. So wurde beispielsweise ein bestimmter Kleinwagen schwerpunktmäßig auf eine weibliche, junge Zielgruppe ausgerichtet; tatsächlich gekauft wird das Fahrzeug aber zum großen Teil von älteren Männern – als Zweit- und Drittwagen.

Im Unternehmensmarkt spielen andere Kriterien eine Rolle. Zu ihnen zählen beispielsweise folgende demografische Variablen:

- allgemeine Kriterien wie z. B. Branche, Unternehmensgröße und Standort,
- operative Variablen wie z. B. vom Kunden verwendete Technologien,
- Lieferantentreue.

Eine wichtige Rolle spielen Kriterien, die die Beschaffungskonzepte widerspiegeln wie z. B.:

- Organisation der Beschaffung wie zentralisierter bzw. dezentralisierter Einkauf, Rolle von Ausschreibungen, Existenz eines Buying-Centers,
- bestehende Beziehungen, d. h. Kunde oder Nichtkunde,
- allgemeine Beschaffungspolitik wie Teile- oder Systemkunde.

Auch situationsbedingte Kriterien werden herangezogen. Zu ihnen zählen:

- Dringlichkeit wie z. B. Anforderungen nach Just-in-time-Lieferung,
- spezifische Produktanwendungen,
- Auftragsumfang.

Nicht alle der genannten Segmentierungskriterien sind jedoch gleichermaßen und für alle Branchen geeignet. Vor jeder Segmentierung muss man sich genau überlegen, welche Kriterien tatsächlich sinnvoll sind. Sie müssen folgende Anforderungen erfüllen:

- Kriterien müssen messbar sein,
- das Segment muss groß genug sein, um bearbeitet zu werden – Männer über 100 Jahre stellen beispielsweise kein tragfähiges Segment dar,
- zwischen Kriterium und Kaufverhalten muss ein Zusammenhang bestehen – so ist der Kauf von Brot sicherlich nicht vom Geschlecht abhängig,

- das gewählte Segment muss gezielt ansprechbar sein – so ist es beispielsweise schwierig, jugendliche Internetnutzer anzusprechen, wenn keine Homepage existiert,
- die gewählte Segmentierung muss auch längerfristig stabil sein.

Auf einen Blick

Die Segmentierung von Teilmärkten erfolgt nach Merkmalen, die sich in Abhängigkeit der zugrunde liegenden Käuferkategorie unterscheiden. Für eine sinnvolle Segmentierung müssen diese Merkmale bestimmten Kriterien genügen.

3.2 Konkretisierung von Zielmärkten

Nachdem die Märkte mithilfe von Merkmalen oder Kriterien segmentiert wurden, ist die Entscheidung zu treffen, welche Märkte in Zukunft bearbeitet werden. Diese Entscheidung ist wiederum von mehreren Faktoren abhängig:

1. Größe und Wachstumschancen des Segments

Zunächst muss die derzeitige Größe des Segments – das Marktvolumen – analysiert werden. Größere Unternehmen konzentrieren sich oft nur auf Teilmärkte ab einer bestimmten Größe, während sich kleinere Unternehmen oftmals nur auf kleine Teilmärkte konzentrieren, da die Tätigkeiten in größeren Segmenten zu viele Ressourcen binden würde. Auch die Wachstumschancen spielen an dieser Stelle eine Rolle, denn die Investitionen und eingesetzten Ressourcen müssen sich auch langfristig lohnen.

2. Strukturelle Attraktivität des Segments

In der Regel ist man nicht der einzige Anbieter innerhalb eines Segments; es gibt noch weitere Wettbewerber, die den Erfolg der eigenen Aktionen stark beeinflussen können. Diese Wettbewerber und die zugrunde liegenden Wettbewerberbeziehungen und -strukturen müssen analysiert werden. Dabei kann sich auch herausstellen, dass es wenig Sinn ergibt, einen bestimmten Teilmarkt zu bearbeiten, da hier schon zu viele Wettbewerber aktiv sind.

3. Zielsetzung und Ressourcen des Unternehmens

Schließlich müssen Zielsetzungen und vorhandene Ressourcen des Unternehmens im Hinblick auf eine Segmentbearbeitung überprüft werden. So sollte ein Unternehmen, das sich auf das Angebot von Luxusprodukten spezialisiert hat, dabei bleiben und nicht noch Segmente mit niedrigem Haushaltseinkommen bedienen. Für manche Segmente verfügen Unternehmen oft auch gar nicht über die notwendigen Ressourcen. Dann ist es besser, dieses Marktsegment anderen Unternehmen zu überlassen.

Auf einen Blick

Nach der Segmentierung von Teilmärkten ist zu prüfen:

→ wie groß das Marktwachstum ist und wie es sich in Zukunft entwickeln wird,

→ wie die zugrunde liegenden Wettbewerbsstrukturen sind,

→ ob das ausgewählte Segment mit der Zielsetzung und den vorhandenen Ressourcen übereinstimmt.

3.3 Typische Marktbearbeitungsstrategien

An früherer Stelle wurde schon darauf hingewiesen – es gibt unterschiedliche Marktbearbeitungsstrategien, die an das jeweilige Marktsegment angepasst werden müssen. Prinzipiell lassen sich die folgenden unterscheiden:

1. Undifferenziertes Marketing

Bei dieser Form des Massenmarketings wird der gesamte Markt bearbeitet. Angesprochen werden die gemeinsa-

men Bedürfnisse aller Kunden, möglicherweise bestehende Unterschiede werden bewusst vernachlässigt.
Beispiel ist der Anbieter eines Universalshampoos, der
bewusst auf Spezialangebote – z. B. für trockene oder
fettige Haare – verzichtet.

2. Differenziertes Marketing

Hier setzt der Anbieter bei den unterschiedlichen Bedürfnissen der einzelnen Segmente an und entwickelt
verschiedene Angebote und Marketingstrategien. Beispiel ist der Anbieter von Haarshampoos, der Shampoos
und weitere Produkte für viele unterschiedliche Zielgruppen anbietet.

> **Infobox**
>
> Meistens ist der Umsatz höher, wenn eine diffe-
> renzierte Strategie zugrunde liegt. Einerseits wer-
> den die Teilmärkte ausgeschöpft, andererseits
> sind die Kunden häufig bereit, für Spezialpro-
> dukte mehr Geld auszugeben. Allerdings sind
> auch die Marketingkosten an dieser Stelle höher,
> da eine zielgruppenorientierte Ansprache erfor-
> derlich ist.

3. Konzentriertes Marketing

Hier konzentriert sich der Anbieter auf ein Teilsegment
eines Marktes; alle anderen Segmente werden bewusst
nicht bearbeitet. Typisches Beispiel dafür ist ein Herstel-

ler für Luxusautos, der seine Produkte nur für einen sehr kleinen Teilmarkt des gesamten Automobilmarktes entwickelt.

Infobox

> Unternehmen, die sich auf einzelne Teilsegmente konzentrieren, werden auch als Nischenanbieter bezeichnet. Wenn es funktioniert, kann dies sehr profitabel sein.

4. One-to-One-Marketing

Diese Strategie der Marktbearbeitung löst sich von dem Denken in Segmenten und konzentriert sich rein auf den Kunden. Im Extremfall wird für jeden Kunden ein eigenes Marketingkonzept entwickelt. Die Kundenpflege hat an dieser Stelle höchste Priorität, weil dadurch die Kundenbindung extrem gestärkt wird. Und das primäre Ziel des One-to-One-Marketings ist auch die Kunndenbindung.

Das One-to-One-Marketing basiert auf der Devise, dass unterschiedliche Kunden auch unterschiedlich behandelt werden sollten. Anstatt nur Produkte, Vertriebskanäle und Absatzprogramme zu verwalten und die Marktforschung zu bemühen, wird das Kaufverhalten einzelner Kunden sehr genau beobachtet und der Dialog mit den Kunden gesucht, um von ihnen selbst zu erfahren, was sie wirklich wollen.

Aufgrund ihrer zunehmenden Bedeutung wird die Strategie des One-to-One-Marketings an späterer Stelle nochmals explizit erläutert.

> **Infobox**
>
> Gerade im B2B-Markt wird häufig für diese Art das Marketings eine eigene Stelle eingerichtet, das sogenannte Key-Account-Management. Seine Hauptaufgabe besteht in der Betreuung eines oder weniger Kunden.

Auf einen Blick

Nach der Marktsegmentierung müssen Anbieter entscheiden, wie sie den jeweiligen Teilmarkt bearbeiten. Typische Strategien sind:
→ das undifferenzierte Marketing – die Bearbeitung des Gesamtmarktes mit einer Strategie,
→ das differenzierte Marketing – die Bearbeitung von Teilmärkten mit verschiedenen Strategien,
→ das konzentrierte Marketing – die Bearbeitung eines Teilmarktes,
→ das One-to-One-Marketing – die Konzentration auf kundenindividuelle Strategien.

4. Produktpolitik: Produkt und Marke

Nachdem wichtige konzeptionelle und strategische Aspekte des Marketings dargestellt wurden, geht es in den folgenden Kapiteln um die Beschreibung des erweiterten Marketingmix bzw. die Darstellung der 7 Ps: Product, Price, Promotion, Place, Physical Facilitys, Process und Personell.

Produktpolitik ist das Ergebnis aller Entscheidungen, die sich auf die Gestaltung bestehender und zukünftiger Produkte des Unternehmens beziehen. Typische Leitfragen können hier sein:

- Welche besonderen Produkte bzw. Problemlösungen, die besser sind als die der Wettbewerber, sollen den Kunden angeboten werden?
- Wie soll das Produktprogramm des Unternehmens im Hinblick auf Breite und Tiefe des Angebots gestaltet sein?
- Welches Qualitätsniveau strebt das Unternehmen bei seinen Produkten an?
- Auf welche Art von Produktinnovationen zielen die speziellen Innovationsaktivitäten des Unternehmens ab?
- Wie sollen die Märkte des Unternehmens strukturiert und positioniert werden?

Um diese und weitere Fragen beantworten zu können, muss man wissen:

- welche Arten von Produkten typischerweise zu unterscheiden sind,
- welche Funktion und Bedeutung die Marke hat,
- welche konkreten produktpolitischen Entscheidungen anfallen,
- welche konkreten sortimentspolitischen Entscheidungen anfallen,
- welche konkreten markenpolitischen Entscheidungen üblicherweise anfallen.

4.1 Typisierung von Produkten

Welche Produkte gibt es? Eine Unterscheidungsmöglichkeit haben wir schon kennengelernt, es gibt:

- materielle Produkte oder Sachprodukte,
- Dienstleistungen,
- immaterielle Produkte oder Informationsgüter,
- Leistungsbündel, die aus einer Kombination von materiellen Gütern und immateriellen Produkten bestehen.

Außerdem gibt es Produkte und Leistungen, die stärker vom Endverbraucher nachgefragt werden, und Produkte und Leistungen, die stärker von Unternehmen nachgefragt werden.

Aber es gibt noch weitere wichtige Unterscheidungskriterien, die wir für produktpolitische Maßnahmen des Marketings kennen sollten. So unterscheiden wir nach der zugrunde liegenden Dauerhaftigkeit in:

- Gebrauchsgüter wie z. B. Autos oder Waschmaschinen,
- Verbrauchsgüter wie z. B. Benzin oder Waschmittel.

Nach den Kaufgewohnheiten lassen sich unterscheiden:

- Convenience-Goods, bei denen es sich um die Güter des täglichen Bedarfs handelt – typische Beispiele sind Lebensmittel, Bekleidung, Zeitungen etc.; meist werden diese Produkte routinemäßig oder spontan erworben,
- Shopping-Goods, bei denen es sich um Güter des gehobenen Bedarfs handelt – typische Beispiele sind Möbel, größere Haushaltsgeräte, aber auch die Buchung einer Pauschalreise; hier werden meist limitierte Kaufentscheidungsprozesse durchlaufen,
- Speciality-Goods, bei denen es sich um Güter des Spezialbedarfs handelt – typische Beispiele sind Mountainbikes, Golfausrüstungen oder auch hochwertige Uhren; hier verlaufen die Kaufentscheidungsprozesse meist extensiv, können aber durchaus auch einmal spontan erfolgen,
- Unsought-Goods, d. h. Güter des fremdinitiierten Bedarfs, die der Kunde entweder nicht kennt oder an deren Anschaffung er normalerweise nicht denken würde – typische Beispiele sind Lebensversicherun-

gen oder Alarmanlagen; im Vergleich zu den übrigen Gütern müssen diese Güter mit einem relativ hohen Marketingaufwand vermarktet werden.

Handelt es sich bei dem Käufer um Unternehmen, werden oft noch weitere Produkttypen zugrunde gelegt. So wird entsprechend der Produktmerkmale z. B. unterschieden in:

- Roh- und Einsatzstoffe wie die Bleche für das Auto,
- Halbfertigprodukte wie die Sitze, die noch eingebaut werden,
- Hilfsgüter wie Schrauben,
- Anlagen wie das Fließband, auf dem die Erstellung des Autos erfolgt,
- investive Dienstleistungen wie die Unternehmensberatung.

Entsprechend des zugrunde liegenden Geschäftstyps wird unterschieden in:

- Produktgeschäfte, bei denen vorgefertigte und standardisierte Produkte auf anonymen Märkten verkauft werden – typische Beispiele sind Reifen für Autos oder Büromaterial,
- OEM- oder Zuliefergeschäfte, bei denen Produkte individuell auf den Abnehmer wie z. B. Hersteller einer bestimmten Automarke zugeschnitten werden,
- Systemgeschäfte, bei denen Leistungen bzw. Leistungen im Verbund mit anderen Technologien genutzt

werden; typisches Beispiel ist der Verkauf einzelner Module eines IT-Systems, die nach und nach verknüpft werden,

● Anlagengeschäfte, bei denen es um den Verkauf größerer Anlagen wie z. B. Produktionsanlagen oder Kraftwerke geht.

> **Infobox**
>
> OEM steht für Original Equipment Manufacturer und bezeichnet in der Automobilindustrie die einzelnen Hersteller. Das OEM- oder Zuliefergeschäft nimmt stark zu, da die Hersteller von Autos immer weniger selbst fertigen.

Auf einen Blick

Als typische Produktkategorien unterscheidet man:
→ Sachgüter, Informationsprodukte, Dienstleistungen und Leistungsbündel,
→ Gebrauchs- und Verbrauchsgüter,
→ Convenience-Goods, Shopping-Goods, Speciality-Goods und Unsought-Goods,
→ Roh- und Einsatzstoffe, Halbfertigprodukte, Hilfsgüter, Anlagen und investive Dienstleistungen,
→ Produkt-, OEM-, System- und Anlagengeschäfte.

4.2 Die Marke

Als Marke können alle Zeichen, insbesondere Wörter (einschließlich Personennamen), Abbildungen, Buchstaben, Zahlen, Hörzeichen, dreidimensionale Gestaltungen (einschließlich der Form einer Ware oder ihrer Verpackung) sowie sonstige Aufmachungen geschützt werden, die geeignet sind, Waren oder Dienstleistungen eines Unternehmens von denjenigen anderer Unternehmen zu unterscheiden. So lautet die offizielle Definition der Marke nach dem Markengesetz.

> **Infobox**
>
> Bei einer Marke geht es hauptsächlich darum, ein Produkt oder eine Leistung so zu kennzeichnen, dass sie unverwechselbar sind und sich somit von den anderen Wettbewerbsprodukten deutlich unterscheiden.

Eine Marke entsteht durch die Eintragung eines Zeichens als Marke in das vom Patentamt geführte Register oder durch die Benutzung eines Zeichens im geschäftlichen Verkehr, soweit das Zeichen innerhalb beteiligter Verkehrskreise als Marke Verkehrsgeltung erworben hat. Prinzipiell muss eine Marke also nicht in das Markenregister eingetragen werden; es reicht die Benutzung des Markenzeichens im Geschäftsverkehr. Allerdings ist dies unsicher und letztlich von der jeweils geltenden Rechtsprechung abhängig. Insofern ist eine Sicherung der Markenrechte durch Eintragung unbedingt zu empfehlen. Dies gilt v. a. bei neuen Produkten oder Leistungen.

> **Infobox**
>
> Laut § 3 des Markengesetzes können als Marke eingetragen werden: Wortzeichen, Bildzeichen, Wortbildzeichen, Zahlzeichen, Farbzeichen, Buchstabenzeichen, Hörzeichen, dreidimensionale Formen sowie Gerüche.

Was sind aber typische Marken? Verbreitet sind Wortbildmarken, die eine Kombination aus Wörtern und Abbildungen sind, und Wortmarken, die aus Wörtern bestehen, die in einer spezifischen Schreibweise dargestellt sind.

Aus Sicht der Kunden haben Marken unterschiedliche Funktionen. Natürlich dienen sie zunächst dazu, das Produkt eindeutig zu identifizieren. Sie erfüllen aber auch eine gewisse Sicherheitsfunktion, da sich der Kunde darauf verlassen kann, dass das Produkt von einem bestimmten Unternehmen hergestellt und auf seine Funktionsfähigkeit hin kontrolliert wird. Insofern erfüllt die Marke auch eine gewisse Qualitätsfunktion.

Aus der Sicht der Unternehmen ist die Entscheidung über die Bildung einer Marke eine wichtige Angelegenheit. Dies gilt insbesondere dann, wenn standardisierte Produkte auf dem anonymen Markt verkauft werden. Denn dann bieten Marken aus Käufersicht besonders viel Sicherheit und ermöglichen die zweifelsfreie Identifizierung.

Die Kosten der Markenbildung und Markenführung stellen für die Unternehmen Investitionen dar, die sich aber durchaus rentieren können. Denn – unabhängig vom Produkt – hat auch die Marke an sich einen Wert, der im Extremfall sogar den Wert der sonstigen Vermögensgegenstände wie Produktionsanlagen oder Gebäude übersteigen kann.

> **Infobox**
>
> **Besonders große und bekannte Marken können, wenn sie als solche veräußert werden, zwischen 20 und 70 Milliarden Dollar einbringen.**

Kein Wunder, dass sich die Unternehmen intensiv mit der Entwicklung und Pflege von Markenprodukten auseinandersetzen. Im Einzelnen stehen hier folgende markenpolitische Entscheidungen an:

1. Markenartikel oder Generika?
Generika sind Produkte, die nicht mit einer Absenderabgabe und einem einheitlichen Erscheinungsbild gekennzeichnet sind.

2. Markentransfer oder neue Marke?

Gerade bei neuen Produkten ist zu entscheiden, ob bekannte Marken übertragen werden sollen oder ob eine ganz neue Marke entwickelt werden soll.

3. Hersteller-, Handels- oder Lizenzmarke?

Die Herstellermarke ist ein Markenartikel, der vom Produzenten mit einer Markierung versehen worden ist. Handelsmarken werden bei einem für den Kunden nicht erkennbaren Hersteller produziert und sind mit einer Markierung des Handels versehen. Bei Lizenzmarken trägt das Produkt den Namen eines berühmten Schauspielers oder eines Unternehmens.

4. Welcher Markenname?

Die Findung eines geeigneten Markennamens ist nicht einfach. Er sollte:
● den Produktnutzen vermitteln,
● positive Assoziationen wecken,
● prägnant und gut einprägbar sein,
● möglichst unverwechselbar sein,
● international nutzbar sein,
● tragfähig sein.

5. Wie soll das Markenzeichen oder Logo aussehen?

Der Markenname sollte um ein Logo ergänzt werden, um einen hohen Wiedererkennungswert zu erreichen. Am besten ist dies gelungen, wenn schon mit dem Zeichen allein Assoziationen mit einer bestimmten Marke geweckt werden.

6. Welcher Geltungsbereich?

Schon bei der Findung des Markennamens wurde deutlich: Marken sollten international wiedererkannt werden. Dies ist oft insofern nicht einfach, da verschiedene Länderspezifika integriert werden müssen.

> Einige Markenartikelhersteller haben bereits Konsequenzen gezogen und im Extremfall sogar ihre Markennamen in manchen Ländern verändert, um eine internationale Nutzung und Wiedererkennung ihrer Marken zu ermöglichen.

7. Einzel-, Familien-, Dachmarke oder eine Kombination?

Schließlich ist zu überlegen, welche Produkte unter eine Marke fallen sollen. Bei der Einzelmarkenstrategie verwendet ein Anbieter für jedes Produkt eine unterschiedliche Marke. Bei einer Familienmarkenstrategie werden mehrere Produkte, die idealerweise in einem Bedarfszusammenhang stehen, unter derselben Marke verkauft. Von einer Dachmarkenstrategie wird gesprochen, wenn ein Anbieter alle seine Produkte unter einem einheitlichen Markennamen verkauft. Kombinierte Strategien treten dann auf, wenn Kombinationen aus Dach-, Familien- und Einzelmarke gewählt werden.

Auf einen Blick

Die Vergabe von Marken ist wichtig, damit der Kunde das Produkt wiedererkennt und sich außerdem sicher sein kann, von welchem Unternehmen das Produkt erstellt wurde. Bei der Entwicklung von Marken müssen Entscheidungen getroffen werden über:

→ Markenprodukt oder Generikum,
→ Hersteller-, Handels- oder Lizenzmarke,
→ Markenname,
→ Markenzeichen oder Logo,
→ Geltungsbereich,
→ Einzel-, Familien- oder Dachmarke.

Infobox

Die Entwicklung einer neuen Marke wird häufig auch als Branding bezeichnet, da der Ausdruck „brand" im Englischen Marke heißt.

4.3 Das Produkt

Die skizzierten markenpolitischen Entscheidungen sind natürlich nicht unabhängig von den produktpolitischen Entscheidungen. Hierbei geht es um:

1. Produktqualität und Produktdesign

Zunächst ist zu entscheiden, welche Produkte bzw. Leistungsbündel mit welchen Funktionen und in welcher Form dem Kunden angeboten werden. Genau genommen geht es um:

- die technisch-funktionale Produktgestaltung und
- die formal-ästhetische Produktgestaltung.

In technisch-funktionaler Hinsicht ist es z. B. ein Unterschied, ob eine Leuchte mit einer konventionellen Glühbirne oder einer Halogenbirne ausgestattet wird. In Bezug auf das Design ist es wichtig, die diesbezüglichen Bedürfnisse und Wünsche des Kunden zu kennen.

> Infobox
>
> Das Marketing unterscheidet zwischen Grund- und Zusatznutzen von Produkten. Der Grundnutzen besteht in der eigentlichen Funktion eines Produktes, z. B. der Fortbewegung durch ein Auto. Der Zusatznutzen besteht z. B. im Imageeffekt, der mit einem bestimmten Auto verbunden ist. Ein Zusatznutzen kann aber z. B. auch eine Service- oder Garantieleistung, die kostenlose Zustellung oder eine kurze Lieferzeit sein.

2. Verpackung und Markierung

Auch die Gestaltung der Verpackung ist ein wichtiger Bestandteil der Produktpolitik – vorausgesetzt, dass Produkt wird in einer Verpackung geliefert. Die Verpackung muss dabei mehrere Funktionen erfüllen:

- Sie muss das Produkt für den Transport und eine eventuelle Lagerung schützen.
- Sie sollte Informationen über das Produkt enthalten. Dies ist v. a. dann wichtig, wenn das Produkt z. B. über Selbstbedienung verkauft wird und somit kein Verkäufer dem Kunden die notwendigen Informationen geben kann.
- Wird ein exklusives Image angestrebt, sollte sie hochwertig gestaltet sein.
- Es müssen ökologische Aspekte berücksichtigt werden – typische Beispiele sind Umweltverträglichkeit, Recycelbarkeit oder das Angebot von Mehrweg- oder Nachfüllpackungen.

Im Zusammenhang mit der Markierung von Produkten ist zu überlegen, ob und in welcher Form das Produkt mit dem Markennamen versehen wird, und in welcher Form die Herstellerangaben auf Produkt und Verpackung erfolgen.

3. Kundendienst und Garantieleistungen

Einen wichtigen Zusatznutzen stellen Kundendienst und Garantieleistung dar. Dies gilt v. a. für Gebrauchsgüter – sowohl im Business-to-Consumer- als auch im Business-to-Business-Geschäft. Hier sind Entscheidungen zu treffen über:

- Lieferzeit,
- Kundenservice,
- Preis,
- Haltbarkeit/Lebensdauer,
- Rücknahme,
- Zufriedenheit.

4. Produktvariation und -differenzierung

Unter Produktvariation versteht man Veränderungen, die an einem schon auf dem Markt befindlichen Produkt vorgenommen werden. Die Grundfunktionen bleiben erhalten, es werden lediglich einige Eigenschaften des Produktes verändert. Diese Änderungen können auch den Kundenservice betreffen. Typisches Beispiel ist die Veränderung der Verpackung eines Produktes. Das Produkt mit der alten Verpackung wird dann nicht mehr produziert.

> **Infobox**
>
> Ziel der Produktvariation ist die Anpassung des Produktes an sich ändernde Kundenanforderungen. Ziel der Produktdifferenzierung ist das möglichst vollständige Ausschöpfen der verschiedenen Marktsegmente.

Bei der Produktdifferenzierung wird dagegen ein Produkt in verschiedenen Ausführungsvarianten angeboten, um auf die Bedürfnisse unterschiedlicher Zielgruppen besser eingehen zu können. Beispiel ist ein Kraftfahrzeug, das in unterschiedlichen Motorleistungen angeboten wird, oder ein Waschmittel, das es in Pulverform, als Tab oder als Flüssigwaschmittel gibt.

5. Produkteinführung, Relaunch und Produktelimination

Wichtig ist auch die Entscheidung,

- wann welches Produkt neu auf dem Markt eingeführt wird,
- wann der Relaunch eines existierenden Produktes durchgeführt wird; dabei handelt es sich meist um eine umfangreiche Variation bzw. Modifizierung eines Produktes oder auch um die Umpositionierung eines Produktes,
- wann ein Produkt vollständig aus dem Sortiment genommen wird; diese sogenannte Produktelimination ist erforderlich, wenn die Kunden keinen Bedarf mehr an einem Produkt haben oder zu viele Markt-anteile an den Wettbewerber abgegeben werden mussten.

> **Infobox**
>
> **Elimination von Produkten bedeutet nicht, dass keine Marketingaktivitäten mehr erforderlich sind. Im Gegenteil – nicht selten wird der Verkauf der letzten Produkte von starken Marketingaktivitäten begleitet.**

Auf einen Blick

Wichtige produktpolitische Entscheidungen betreffen zunächst:
→ Produktqualität und Produktdesign,
→ Verpackung und Markierung,
→ Kundendienst und Garantieleistungen,
→ Produktvariation und Produktdifferenzierung,
→ Einführung, Relaunch und Elimination von Produkten.

4.4 Das Sortiment

Unter Sortiment oder Produktprogramm versteht man die Gesamtheit aller Produkte, die ein Unternehmen auf dem Markt anbietet. Sortimentspolitische Entscheidungen betreffen die Frage, welche Produkte ein Unternehmen in sein Sortiment oder Produktprogramm aufnehmen soll. Dies wird einerseits von den Kundenanforderungen, andererseits von den Kosten bestimmt.

> **Infobox**
>
> **Als Produktprogramm versteht man die Gesamtheit der Produkte, die ein produzierendes Unternehmen herstellt. Als Sortiment bezeichnet man die vom Handel angebotenen Produkte.**

Bei der Zusammenstellung von Produktprogramm oder Sortiment ist zu unterscheiden zwischen:

- **Sortimentsbreite**, die die Anzahl der verschiedenen Produktarten in einem Sortiment definiert. Hat ein Unternehmen viele verschiedene Produktarten, spricht man von einem breiten Sortiment; konzentriert sich ein Unternehmen auf ein Produkt oder wenige Produktarten, handelt es sich um ein schmales Sortiment.
- **Sortimentstiefe**, die die verschiedenen Ausführungsvarianten einer Produktart umfasst; je mehr existieren, desto tiefer ist das Sortiment.

Ausgehend von Sortimentsbreite und -tiefe lassen sich nun vier Basisstrategien unterscheiden:

1. Discountstrategie
Ziel der Discountstrategie ist die Realisierung von Kostenvorteilen durch ein flaches und schmales, d. h. insgesamt sehr kleines Sortiment. Typische Beispiele sind viele kleinere und mittlere Unternehmen wie Discountsupermärkte.

2. Spezialisierungsstrategie
Hier existiert ein schmales Sortiment mit großer Tiefe. Man findet sie häufig bei mittelständischen Unternehmen mit klarer Zielgruppenausrichtung. Typisches Beispiel sind Fachhandelsgeschäfte.

3. Universalstrategie

Hier liegt ein breites Sortiment mit geringer Tiefe vor. Beispiele sind oft Kaufhäuser, die sich aber wegen der hohen Kosten und der geringen Zielgruppenausrichtung teilweise bereits wieder von dieser Strategie abwenden.

4. Multispezialisierungsstrategie

Sie kombiniert ein tiefes mit einem breiten Sortiment und ist v. a. für Großunternehmen geeignet. Denn die Investitionen für eine erfolgreiche Umsetzung sind sehr hoch. Im Handelsbereich verfolgen typischerweise Verbrauchermärkte diese Strategie.

Auf einen Blick

In Bezug auf die Zusammenstellung des Sortiments lassen sich die beiden folgenden Faktoren differenzieren:
→ Sortimentsbreite,
→ Sortimentstiefe.
Dabei lassen sich die folgenden Strategien unterscheiden:
→ Discountstrategie,
→ Universalstrategie,
→ Spezialisierungsstrategie,
→ Multispezialisierungsstrategie.

5. Konditionenpolitik: Konditionen und Zahlungsbedingungen

Ob ein Produkt gekauft wird, hängt nicht nur von der Gestaltung und der Verpackung ab, auch der Preis und die zugrunde liegenden Liefer- und Zahlungsbedingungen spielen eine maßgebliche Rolle. Sie werden im nächsten Abschnitt näher thematisiert. Dabei ist es zunächst wichtig, die Bereiche der Konditionenpolitik und die Bestimmungsfaktoren der Preispolitik zu kennen, bevor man sich konkret mit Verfahren der Preisbildung, preispolitischen Strategien sowie Besonderheiten der Preispolitik im Electronic Business beschäftigen kann.

5.1 Bereiche der Konditionenpolitik

Im Einzelnen zählen zur Konditionenpolitik:

1. Preispolitik

Preise müssen festgelegt werden, wenn ein Produkt neu auf dem Markt eingeführt wird; sie müssen geändert werden, wenn der Kunde nicht mehr bereit ist, einen Preis zu zahlen, Wettbewerber die Preise reduzieren oder technologische Bedingungen zu einem Preisverfall führen. Beispiel ist hier die Preisentwicklung der neuesten PC-Module, für die im Verlauf von ein bis zwei Jahren oftmals Preisreduktionen von mehr als 50 % zu beobachten sind.

> Die Bedeutung der Preispolitik im Marketing hat sich in den letzten Jahren stark geändert.
> Zunächst war sie sehr wichtig – der Preis eines Produktes bestimmte die Produktwahl der Käufer. Mit steigendem Wohlstand konnten sich die Käufer mehr Produkte leisten, sodass die Preispolitik eine vergleichsweise geringe Rolle spielte. Mittlerweile spielt sie wieder eine maßgebliche Rolle, da der Käufer nicht mehr bereit ist, jeden Preis zu zahlen.

2. Rabattpolitik

Bei einem Rabatt handelt es sich um einen Nachlass vom Listenpreis, den ein Unternehmen seinen Abnehmern unter bestimmten Bedingungen gewährt. Im Vergleich zu dauerhaft gewährten Preisnachlässen sind Rabatte flexibler. Zudem können sie als Maßnahme der Kundenbindung – v. a. bei Stammkunden – eingesetzt werden. Allerdings ist es schwierig, einmal gewährte Rabatte wieder zurückzunehmen. Typische Rabattarten sind:

- Skonti bei Barzahlung,
- Mengenrabatte bei Abnahme einer bestimmten Menge,
- Funktionsrabatte, wenn der Abnehmer bestimmte Funktionen wie Lagerung und Vertrieb übernimmt,
- Zeitrabatte wie Frühbucherrabatte,
- Sonderrabatte wie Treue- oder Jubiläumsrabatte.

3. Liefer- und Zahlungsrabatte

Bei den Lieferbedingungen geht es um eine genaue Spezifizierung der zu erbringenden Leistungen. In der Praxis relevant sind hier v. a. die Transport- und Verpackungskosten. Denn in vielen Branchen machen die Logistikkosten einen erheblichen Prozentsatz der Gesamtkosten aus. Darüber hinaus werden die Zahlungsbedingungen, d. h. die Zahlungsmittel und -wege, festgelegt. Außerdem wird der Zeitpunkt der Zahlungsfälligkeit geregelt. Hierunter fällt beispielsweise die Regelung von etwaigen Anzahlungen.

4. Finanzierung und Kreditgewährung

Zur Preispolitik zählt auch die Bereitstellung von Finanzierungsangeboten bzw. die Gewährung von Krediten beim Kaufabschluss. Während dies im BtB-Geschäft schon lange gängige Praxis ist, nimmt die Bereitstellung von Finanzierungsmöglichkeiten im BtC-Geschäft stark zu. Immer mehr Unternehmen bieten bei Kauf Finanzierungs- oder Ratenkredite an.

5.2 Bestimmungsfaktoren der Preispolitik

Im Wesentlichen gibt es drei Faktoren, die die Preispolitik bestimmen: Nachfrager, Kosten des Unternehmens und Wettbewerbssituation.

1. Nachfrager

Der wichtigste Bestimmungsfaktor ist der Nachfrager. Denn je nachdem, wie hoch die Kunden subjektiv den Nutzen eines Produktes einschätzen, ist ihre Kaufbereitschaft unterschiedlich hoch. Für Unternehmen ist es daher entscheidend zu wissen, wie ihre Kunden auf unterschiedliche Preise reagieren. In diesem Zusammenhang spricht man auch von Preiselastizität der Nachfrage: Ist sie gering, reagieren Käufer kaum auf Preisänderungen. Ist sie dagegen hoch, reagieren Käufer stark auf Preisänderungen. Unternehmen müssen daher herausfinden, welcher Bereich preisunelastisch ist, um dann den Preis an der Obergrenze zu fixieren.

> All dies gilt nur dann, wenn ein sogenanntes Polypol mit vielen Anbietern und Nachfragern gegeben ist. Herrscht in einem Markt ein Monopol vor, gibt es einen Anbieter, der die Preise bestimmen kann. Finden wir ein Oligopol vor, gibt es eine geringe Anzahl von Anbietern, deren Preisgestaltung sehr stark von der des Wettbewerbs abhängt. Beispiel ist der Erdölmarkt.

2. Kosten

Der Preis hängt aber nicht nur von der Nachfrage, sondern auch von den Kosten der Herstellung des Produktes oder der Leistung ab. Denn letztlich sollten durch den Preis die Herstellungskosten gedeckt sein. Daher sind die Kosten für viele Unternehmen die wesentliche Preisdeterminante. Aber – so wichtig die internen Kosten auch sind – es nützt nichts, wenn der Preis theoretisch die Kosten deckt, der Kunde diesen Preis aber nicht deckt, weil er das Produkt nicht kauft.

3. Wettbewerb

Neben der Zahlungsbereitschaft und den Kosten muss auch die Wettbewerbssituation beachtet werden. Auch wenn sie indirekt in die Nachfragesituation miteinfließt, sollte man sich im Vorfeld genau informieren, welche Produkte von welchen Wettbewerbern zu welchen Preisen verkauft werden. Bei sehr homogenen Gütern, wie z. B. Lebensmittel, können schon geringe Preisunterschiede den Absatz des Produkts beeinflussen.

> **Infobox**
>
> Bei einer näheren Analyse der Produkte der Wettbewerber darf man sich nicht nur die Produkte ansehen, die identisch sind mit den eigenen Produkten, sondern auch die sogenannten Substitutionsprodukte. Dabei handelt es sich um Produkte, die nicht identisch sind, die aber das eigene Produkt substituieren können. So kann z. B. eine Beschäftigung durch eine andere Beschäftigung ersetzt werden: Anstatt sich einen Film im Kino anzuschauen, kann man eine Pizza essen gehen, oder man kann, anstatt eine Zeitschrift zu lesen, zu einem Buch greifen.

4. Sonstige Einflussfaktoren

Neben diesen primären Einflussfaktoren gibt es noch eine Reihe weiterer Einflussfaktoren, die man bei der Preisfestsetzung beachten sollte:

- psychologische Auswirkungen der Preisfestsetzung; das sind z. B. psychologische Preisschwellen wie gebrochene Preise: 0,99 €, 1,99 € oder auch 99,98 €,

- preispolitische Ziele des Unternehmens, die die Preisgestaltung unter Umständen limitieren können,
- Auswirkungen der Preisfestlegung auf anderen Beteiligte wie z. B. Händler,
- gesetzliche Vorschriften wie z. B. die Buchpreisbindung, die keine Preisgestaltung zulässt,
- weitere produktspezifische Elemente im Marketingmix wie z. B. die Produktverpackung, die die Herstellungskosten und damit die Preise erheblich beeinflussen kann.

Infobox

Die Buchpreisbindung ist eine bekannt Ausnahme – für alle anderen Märkte gilt in Deutschland das Verbot der Preisbindung. Entsprechend dürfen Unternehmen ihre Händler nicht zu einem bestimmten Abgabepreis zwingen.

Auf einen Blick

Maßnahmen der Preisgestaltung werden bestimmt durch:
→ Nachfrage,
→ Kosten,
→ Wettbewerber,
→ sonstige.

5.3 Verfahren der Preisbildung

Vor dem Hintergrund der verschiedenen Bestimmungsfaktoren der Preispolitik lassen sich unterschiedliche Verfahren der Preisbildung unterscheiden. Die wichtigsten sind:

1. Kostenorientierte Verfahren

Ausgangspunkt sind hier die intern im Zusammenhang mit der Erstellung und dem Vertrieb des Produktes entstehenden Kosten. Wird die gewünschte Gewinnmarge addiert, erhält man den gewünschten Preis. Dabei kann es sich um den „optimalen" Preis handeln; in den meisten Fällen ist dies jedoch nicht der Fall. Denn entweder wären die Kunden bereit gewesen, mehr zu zahlen – dann wurden potenzielle Gewinnmöglichkeiten verschenkt – oder der Kunde akzeptiert den Preis nicht, weil er ihm im Vergleich zu dem angebotenen Nutzen zu teuer vorkommt. Beide Fälle sind letztlich suboptimal.

2. Renditeorientierte Verfahren

Als Zielgröße wird hier eine Art Renditeerwartung – z. B. 5 % – vorgegeben, auf deren Basis dann der Preis errechnet wird. Aber auch mit dieser Preisstrategie sind ähnliche Risiken verbunden wie mit den kostenorientierten Verfahren – entweder akzeptiert der Kunde den so errechneten Preis nicht oder er hätte sogar einen höheren Preis akzeptiert.

3. Nachfrageorientierte Verfahren

Mitunter wird der Preis auch auf der Basis der Zahlungsbereitschaft der Nachfrager festgelegt. Dabei wird versucht, den empfundenen Wert oder Nutzen eines Produktes für den Kunden abzuschätzen, um dann den Preis festsetzen zu können. Wenn man beispielsweise weiß, dass man durch eine bestimmte Dienstleistung dem Kunden hilft, die Betriebskosten der Produktionsanlage um 10 % zu reduzieren. Dann lässt sich auch abschätzen, wie viel der Kunde bereit ist, dafür zu bezahlen.

Auf einen Blick

Die wichtigsten Verfahren der Preisbildung orientieren sich an:

→ den Kosten für die Erstellung eines Produktes bzw. einer Leistung,

→ einer vorgegebenen Rendite, die erreicht werden soll,

→ der Zahlungsbereitschaft der Nachfrager.

5.4 Preisstrategien

Welche konkreten Preisstrategien sind nun zu beobachten? Auf vielen Märkten lassen sich diesbezüglich drei Formen erkennen:

- Bei der Prämien- oder Hochpreisstrategie wird ein relativ hohes Preisniveau gewählt. Die Abhebung – d. h. die preisliche Distanz zur Mittel- und Niedrigpreislage – muss für den Nachfrager allerdings erkennbar sein. Letztlich kann eine derartige Prämienstrategie nur dann erfolgreich sein, wenn der vom Kunden wahrgenommene subjektive Nutzen tatsächlich höher als bei den Wettbewerbsprodukten ist.
- Bei der am mittleren Preisniveau orientierten Preispolitik besteht die Gefahr, dass die Kunden die angebotenen Produkte weder als qualitativ hochwertig noch als besonders preisgünstig ansehen.
- Bei der Promotions- oder Niedrigpreisstrategie wird bewusst ein unterhalb des Marktpreises liegendes Preisniveau gewählt.

Infobox

> Interessanterweise akzeptieren Kunden die mittlere Preisstrategie am wenigsten. Meist präferieren sie die Prämienpreisstrategie, weil sie mit ihr eine höhere Qualität verbinden, oder die Niedrigpreisstrategie, weil sie Kosten sparen möchten. Mitunter wählen sie auch eine Kombination. Derartige Konsumenten heißen hybride Konsumenten.

Es gibt Märkte, bei denen die einmal gewählte Preisstrategie – sei es niedriges, mittleres oder hohes Preisniveau – konstant ist. Beispiel sind Produkte wie Schokolade, Getränke etc. Es gibt aber auch Märkte, auf denen die Preise bewusst im Zeitablauf verändert werden. Diese Preisstrategien werden auch als Skimming- oder Penetrationsstrategie bezeichnet.

Bei der **Skimmingstrategie** wird mit einem relativ hohen Preis gestartet, der im Zeitablauf sukzessiv abgesenkt wird. Typisch sind derartige Preisverläufe für innovative Produkte, v. a. technische Innovationen. Beispiele sind PCs, Inlineskates oder auch digitale Kameras. Die Skimmingstrategie zielt auf die unterschiedliche Zahlungsbereitschaft verschiedener Käufergruppen ab. Zunächst sprechen die Produkte eine typischerweise relativ kleine Gruppe von Käufern an, die an dem jeweiligen Produkt ein vergleichsweise hohes Interesse – und damit auch eine höhere Zahlungsbereitschaft – haben. Anschließend werden stufenweise immer größere Käuferschichten zu niedrigeren Preisen erfasst, bis dann im Extremfall das Produkt über Discountläden an die breite Masse der Bevölkerung verkauft wird.

> **Infobox**
>
> **Wussten Sie, dass die ersten CD-Player in den 80er-Jahren umgerechnet rund 500 € kosteten? Heute bekommen wir sie für viel weniger als ein Viertel dieses Preises.**

Das Grundprinzip der **Penetrationsstrategie** ist genau umgekehrt. Hier sollen mithilfe relativ niedriger Preise schnell große Märkte erschlossen werden. Im Zeitverlauf kann dann der Preis entweder gleich gehalten, langsam gesteigert oder sogar wieder gesenkt werden. Einen Sinn ergibt diese Preisstrategie, wenn der jeweilige Markt so groß ist, dass durch die Ausweitung des Umsatzes auch tatsächlich Kostenvorteile realisiert werden können, und wenn potenzielle neue Wettbewerber durch das niedrige Niveau vom Markteintritt abgehalten werden. Problematisch ist allerdings, wenn das Image eines Produktes durch das niedrige Preisniveau leidet. Zudem ist es wenig wahrscheinlich, dass es einem Unternehmen gelingt, für andere oder ähnliche Produkte einen höheren Preis zu verlangen.

> **Infobox**
>
> Die Penetrationsstrategie ist nur dann sinnvoll, wenn es gelingt, Economy of Scale zu generieren. Dies bedeutet, dass mit zunehmender Anzahl produzierter Stücke die Produktionskosten pro Stück reduziert werden können und damit günstigere Preise angeboten werden können.

Neben den Preisstrategien finden wir auf manchen Märkten auch Formen der Preisdifferenzierung z. B. nach:

- räumlichen und zeitlichen Kriterien,
- Zielgruppen,
- Abnahmemengen,
- Produktvarianten.

Diese Differenzierungen sind sinnvoll, um unterschiedliche Zahlungsbereitschaften verschiedener Käufergruppen möglichst optimal ausschöpfen zu können. Außerdem sind sie eine Möglichkeit, Kunden stärker an das Unternehmen zu binden.

Nach räumlichen Kriterien lassen sich Preise differenzieren, wenn das Produkt in unterschiedlichen Regionen oder Ländern zu verschiedenen Preisen angeboten wird. Typisches Beispiel ist das unterschiedliche Preisniveau für Autos in verschiedenen Ländern. Nach zeitlichen Kriterien werden Preise häufig in Haupt- und Nebensaisonpreise differenziert. Wir kennen alle das typische Beispiel aus der Tourismusbranche. Darüber hinaus gibt es auch unterschiedliche Preise in Abhängigkeit der zugrunde liegenden Zielgruppe – so erhalten Studenten z. B. Sonderpreise beim Kauf von Tageszeitungen oder von Software. Werden die Preise nach Abnahmemengen differenziert, entspricht dies dem schon angesprochenen Mengenrabatt. Schließlich können Unternehmen noch über das Angebot verschiedener Produktvarianten ihre Preise differenzieren. Im Extremfall wird ein identisches Produkt in unterschiedlichen Varianten zu verschiedenen Preisen angeboten. Beispiel ist das Waschmittel, das unter seinem Markennamen im Supermarkt zu einem bestimmten Preis angeboten und in anderer Verpackung und anderer Markierung preiswerter im Discounter vertrieben wird.

5.5 Preispolitik im Electronic Commerce

Internet, Electronic Commerce und Electronic Business verändern nicht nur die Art der Vermarktung und des Vertriebs, sie eröffnen auch neue Möglichkeiten der Preisgestaltung. Zu den wichtigsten zählen:

1. Follow the Free

Diese Strategie kennen wir alle – man bekommt ein Produkt zu einem sehr geringen Preis oder sogar kostenlos angeboten und wundert sich, wie das möglich ist und wie das Unternehmen dies finanzieren kann. Die Lösung ist ganz einfach – die Unternehmen verdienen an den zusätzlich angebotenen Produkten oder Dienstleistungen, die sogenannten Add-ons. Typische Beispiels sind die kostenlosen Handys. Die anbietenden Unternehmen verdienen hier nicht durch das Handy, sondern durch den Vertrag mit dem Provider, der meist über zwei Jahre geschlossen wird. Das Prinzip ist einfach: Die Produkte werden zunächst billig oder sehr günstig angeboten, um die Kunden zu binden, verdient wird dann mit den darüber hinausgehenden Dienstleistungen oder Produkten.

Mit der Strategie Follow the Free versuchen viele Unternehmen zudem, eine sogenannte kritische Masse an Nutzern aufzubauen, um dann zusätzliche Leistungen verkaufen zu können. Dies lässt sich am Beispiel von Kontaktnetzwerken im Internet verdeutlichen: Gelingt es, durch eine kostenlose Mitgliedschaft möglichst viele Nutzer an die Plattform zu binden, erhöht sich für andere der Anreiz, ebenfalls daran teilzunehmen. Infolge lassen sich entweder durch Werbeeinnahmen oder auch durch den Verkauf von Prämienmitgliedschaften Erlöse generieren.

2. Preisdifferenzierung

Oben wurden schon einige Formen genannt – im Internet lassen sich verschiedene Arten der Preisdifferenzierung relativ einfach realisieren. So werden beispielsweise zu verschiedenen Zeiten Informationen oder Börsennews zu unterschiedlichen Preisen verkauft.

3. Auktionen

Im Internet gibt es verschiedene Formen von Auktionen. Bekannt sind z. B.:

- die englische Auktion, bei der das Produkt an denjenigen verkauft wird, der innerhalb einer bestimmten Frist das höchste Gebot abgibt,
- die holländische Auktion, bei der der Preis in kurzen Zeitabständen fällt; das Produkt erhält derjenige, der zuerst bereit ist, den gerade geforderten Preis zu bezahlen,
- die Second Price Version, die prinzipiell wie die englische Form abläuft, bei der der Käufer aber nicht den von ihm gebotenen Preis zahlen muss, sondern nur den Preis des Bieters vor ihm,
- die Reverse Auction, bei der der Käufer für ein Produkt einen bestimmten Preis bietet und der Verkäufer dann entscheidet, ob er zu diesem Preis verkaufen möchte oder nicht.

4. Preisbündelung

Eine weitere Form sind Verfahren der Preisbündelung. Darunter versteht man das Zusammenfassen verschiedener Angebote, die der Kunde im Paket erwerben kann. Diese Angebote sind im Bündel deutlich günstiger als wenn die einzelnen Komponenten separat erworben werden müssen. Preisbündelungen sind online wie offline einsetzbar, über das Internet sind sie jedoch einfacher realisierbar und flexibler. Hinzu kommt, dass sich auch unternehmensübergreifende Bündel leichter realisieren lassen. Beispiel ist ein Komplettangebot von Onlinebanking, Internetzugang und Browser.

Bei der Preisbündelung ist die reine Bündelung und die gemischte Bündelung zu unterscheiden. Bei der reinen Bündelung werden die Produkte nur in der Kombination angeboten und sind nicht einzeln zu erwerben. Bei der gemischten Bündelung können die Produkte auch einzeln erworben werden.

> **Infobox**
>
> **Eine Preisbündelung ist sinnvoll, wenn die Zahlungsbereitschaft der Konsumenten für beispielsweise zwei Produkte negativ korreliert.**

Auf einen Blick

Für das Internetgeschäft relevante Preisstrategien sind:
→ Follow the Free,
→ Preisdifferenzierung,
→ Auktionen,
→ Preisbündelung.

6. Kommunikationspolitik

Wenn im Marketing oder im Zusammenhang mit dem Marketingmix von Kommunikationspolitik gesprochen wird, geht es v. a. um die verschiedenen Formen der Werbung und der Verkaufsförderung. Um hier zielorientierte Entscheidungen treffen zu können, sollte man:

- die wichtigsten Bereiche der Kommunikationspolitik kennen,
- die verschiedenen Formen der Werbung kennen,
- wissen, was man unter Direktmarketing und Verkaufsförderung versteht,
- erkennen, wann persönlicher Verkauf und Messen in Frage kommen,
- die verschiedenen Formen des Sponsorings, Productplacements und Eventmarketings kennen,
- wissen, wie wichtig Corporate Identity und Öffentlichkeitsarbeit sind.

6.1 Bereiche der Kommunikationspolitik im Überblick

Kommunikation bedeutet, dass zwischen Sender und Empfänger Zeichen oder Daten übertragen werden, die idealerweise auch so verstanden werden, wie sie vom Sender gemeint waren. Dass dies nicht unbedingt immer der Fall ist, zeigen uns viele Beispiele von Fehlinterpretationen oder Missverständnissen. Darüber muss man sich auch im Marketing bewusst sein: Nicht die Botschaft bzw. Message macht den Erfolg, sondern die Art, wie diese Botschaft vom Empfänger letztlich verstanden wird.

Zu den wichtigsten Ansätzen der Kommunikationspolitik zählen:

- Werbung, worunter die nicht persönliche Vorstellung von Produkten – z. B. über Anzeigen oder Fernsehspots zu verstehen ist,
- Verkaufsförderung, d. h. zeitlich begrenzte und kurzfristig wirkende Maßnahmen,
- Direktmarketing im Sinne einer direkten Ansprache der Zielgruppe, z. B. über E-Mail, Telefon oder Brief,
- Public Relations oder auch Öffentlichkeitsarbeit, die auf die Gestaltung der Beziehungen zwischen dem Unternehmen und verschiedenen Interessengruppen abzielt,
- Sponsoring, d. h. die Bereitstellung von Geld- oder Sachmitteln zur Förderung sportlicher, kultureller oder sozialer Organisationen,
- persönlicher Verkauf im Sinne eines interaktiven Prozesses zwischen Verkäufer und Kunde,
- Messen/Ausstellungen als zeitlich begrenzte, regelmäßig stattfindende Veranstaltungen – vorwiegend für Fachbesucher,

- Eventmarketing als Durchführung von Veranstaltungen zu Marketingzwecken,
- Multimedia-Kommunikation, d. h. Nutzung multimedialer Formen der Kommunikation wie z. B. eine CD oder DVD.

6.2 Planung geeigneter Kommunikationsmaßnahmen

Werbemaßnahmen oder auch andere Formen der Kommunikationspolitik kosten viel Geld und erfordern daher eine systematische Planung. Ansonsten besteht die Gefahr, dass zwar sehr viel Zeit und Geld in die Entwicklung und Gestaltung einer Werbebotschaft oder eines Werbeslogans investiert wird, diese aber ihre Wirkung verfehlen und letztlich nicht zu den gewünschten verkaufssteigernden Effekten führen. Daher ist es unbedingt erforderlich, schrittweise vorzugehen:

- Ermittlung von Zielgruppe und Bezug zum Kommunikationsobjekt,
- Festlegung der Kommunikationsziele,
- Gestaltung der Botschaft,
- Wahl der Kommunikationswege,
- Budgetierung,
- Pretest der Maßnahmen,
- Realisierung der geplanten Maßnahmen,
- Kontrolle der erzielten Ergebnisse – soweit möglich.

Zunächst ist festzulegen, an wen man sich wenden möchte und welchen Bezug diese Personen zum Produkt oder Unternehmen haben. Denn mit Stammkunden kann man beispielsweise ganz anders kommunizieren als mit potenziellen Neukunden. Diese Entscheidung über die Zielgruppe legt den Rahmen für die übrigen Schritte fest, ist dabei allerdings nicht ganz unabhängig von dem zugrunde liegenden Produkt sowie v. a. der Strategie des Unternehmens. So wird ein Discounter andere Zielgruppen definieren als ein Delikatessengeschäft.

Steht die Zielgruppe fest, müssen im nächsten Schritt die Ziele der kommunikationspolitischen Maßnahme festgelegt werden. Geht es um die Akquisition neuer Kunden? Geht es um die Information bestehender Kunden? Geht es um die Erzeugung von Aufmerksamkeit für ein neues Produkt? Oder geht es darum, einen Relaunch bekannt zu machen?

Zielgruppe und Kommunikationsziele beeinflussen die Gestaltung der Botschaft. Denn je nach Zielgruppe und Kommunikationszielen transportiert die Botschaft andere Inhalte und sollte daher auch anders gestaltet sein.

Beeinflusst wird die Gestaltung der Botschaft auch von der Wahl des Kommunikationsweges, der z. B. persönlich oder nicht persönlich sein oder sich an einen oder mehrere Empfänger richten kann. Die Wahl des Kommunikationsweges ist letztlich entscheidend für die Auswahl eines passenden Kommunikationskanals. Denn über das Fernsehen wird beispielsweise anders kommuniziert als über eine Anzeige in Zeitungen und Zeitschriften.

> **Infobox**
>
> Kommunikationsprozesse können unterschiedlich gestaltet sein. So unterscheidet man 1. die One-to-One-Kommunikation, die z. B. beim persönlichen Verkauf gegeben ist, 2. die One-to-Many-Kommunikation, die z. B. bei der Radio- oder Fernsehwerbung stattfindet, 3. die One-to-One-Kommunikation im Internet, die sich z. B. beim Dialog per E-Mail ereignet oder 4. die Many-to-Many-Kommunikation im Internet, die z. B. in Meinungsforen oder in Chatrooms zu finden ist. Der zugrunde liegende Kommunikationsprozess ist entscheidend für die Wahl eines geeigneten Kommunikationskanals.

Die bis zu diesem Punkt getroffenen Entscheidungen führen zu Kosten, die kalkuliert werden müssen und regelmäßig mit einem im Vorfeld festgelegten Budget abzustimmen sind. Unbedingt zu vermeiden ist, dass zu viel Geld für die Gestaltung der Kommunikationsmaßnahmen investiert wird, sodass das Budget vor der Realisierung ausgeschöpft wäre.

Bei einigen kommunikationspolitischen Maßnahmen lohnt es sich, die vermutete Wirkung im Rahmen eines Pretests abzuschätzen. So lässt sich z. B. in einem Anzeigentest ermitteln, ob die Gestaltung zielgruppenadäquat ist und bei den Empfängern auch tatsächlich richtig verstanden wird. Ist dies nicht der Fall, muss die Gestaltung der zugrunde liegenden Botschaft nochmals geprüft und angepasst werden.

Ist der Test erfolgreich, beginnt die Realisierungsphase. Danach erfolgt die Überprüfung, ob die mit den gewählten Maßnahmen verfolgten Kommunikationsziele tat-

Infobox

Pretests werden z. B. häufig in der Direktkommunikation durchgeführt. So werden Werbebriefe zunächst nicht direkt an die Zielgruppe versandt, sondern zunächst an eine repräsentative Stichprobe, anhand derer dann der Erfolg der Maßnahme abgeschätzt wird.

sächlich erreicht wurden. Konkret lässt sich dabei z. B. feststellen, um wie viel sich die Bekanntheit eines Produktes erhöht hat, wie viele Produkte verkauft wurden oder ob schon Veränderungen im Unternehmensimage zu beobachten sind.

6.3 Rahmenbedingungen

Die Realisierung von Kommunikationsstrategien, um den Empfänger, d. h. den Kunden, von dem Nutzen des Produktes zu überzeugen, sind nicht ganz einfach und nicht immer erfolgreich. Denn es gibt viele Faktoren und Bedingungen, die die Planung und Realisierung eines Kommunikationsprozesses beeinflussen und unbedingt mitbedacht werden sollten. Zu ihnen zählen z. B. die folgenden:

1. Informationsüberlastung

Ständig werden wir mit neuen Informationen und Botschaften überhäuft – sei es in der Werbung, im Internet, durch private Fernsehsender etc. Dieser zukünftig noch stärker wachsenden Informationsflut ist die Aufnahmekapazität des menschlichen Gehirns nicht mehr gewachsen. Die Unternehmen reagieren darauf und beschränken sich in den meisten Werbebotschaften nur noch darauf, die wesentliche Kernbotschaft zu vermitteln und auf weitergehende Informationen zu verzichten. Dies war nicht immer so – Werbespots aus den 50er-Jahren dauerten oft noch mehrere Minuten lang und vermittelten zahlreiche sachliche Informationen zu den Produkten.

> **Man mag es kaum glauben – der Mensch ist täglich 2000 Werbebotschaften ausgesetzt! Kein Wunder, dass man nicht alle bewusst aufnehmen kann.**

2. Bild statt Text

Eine weitere Strategie im Umgang mit der Informationsflut ist die Verwendung von Bildern. Denn Bilder können im Gedächtnis einfacher abspeichert werden als verbale Inhalte. Auch lassen sich über Bilder Emotionen oft besser vermitteln als durch Sprache.

3. Gesättigte Märkte

Auch die Eigenschaften der jeweils zugrunde liegenden Märkte beeinflussen die Gestaltung von Kommunikationsprozessen. So herrscht beispielsweise auf gesättigten Märkten ein sehr viel stärkerer Wettbewerb als auf ungesättigten Märkten, da Umsatzzuwächse primär durch die Verdrängung der Konkurrenz und nicht durch Marktausweitungen realisiert werden können. Die Folge sind höhere kommunikationspolitische Aufwendungen der Wettbewerber, um sich im Markt überhaupt noch durchsetzen zu können. Beteiligt man sich jetzt nicht an diesem Wettkampf, besteht die Gefahr von Marktanteilsverlusten. In vielen Branchen steigen infolgedessen die Ausgaben für Werbung und Kommunikation enorm. Beispiele sind die Unterhaltungsbranche oder v. a. auch die Möbelbranche, in der gegenwärtig eine eher aggressive Werbe- und Kommunikationspolitik zu beobachten ist.

4. Zunehmende Marktdifferenzierung

Auch die zunehmende Differenzierung des Angebotes auf immer speziellere Zielgruppen erschwert die Unternehmenskommunikation. Denn dies bedeutet die Entwicklung spezieller Werbekampagnen für einzelne Produkte und die verschiedenen Zielgruppen, die wiederum in zielgruppenspezifisch ausgewählten Medien geschaltet werden müssen. Es ist offensichtlich, dass dies höhere Kosten verursacht als die Entwicklung einer einheitlichen Kampagne, die über Massenmedien geschaltet werden kann.

5. Wertewandel

Bei der Gestaltung der Unternehmenskommunikation sollte schließlich auch auf Änderungen der Wertvorstellungen in der Bevölkerung Rücksicht genommen werden. So wurden in der Nachkriegszeit beispielsweise traditionelle Werte wie Leistung oder Pflichtbewusstsein durch eine zunehmende Freizeit und Spaßorientierung abgelöst. Das seit einigen Jahren häufig in der Werbung vermittelte Motto „Geiz ist geil" wird gegenwärtig durch eine Zuwendung zu qualitativ hochwertigeren, aber auch teureren Produkten abgelöst. Schaffen es Unternehmen nicht, ihre Produkte und ihr Kommunikationsverhalten den veränderten Wertvorstellungen anzupassen, wird das Produkt im Extremfall nicht mehr nachgefragt und muss vom Markt genommen werden.

Auf einen Blick

Gestaltung und Entwicklung der zugrunde liegenden Kommunikationsstrategie werden beeinflusst von:
→ Informationsüberlastung,
→ Bild- statt Textkommunikation,
→ gesättigten Märkten,
→ zunehmender Marktdifferenzierung,
→ Wertewandel in der Bevölkerung.

6.4 Werbung – online und offline

Nach diesem allgemeinen Überblick steigen wir in den nächsten Abschnitten in die verschiedenen Formen der Kommunikation ein. Zunächst geht es um eines der wichtigsten Felder – die Werbung.

Werbung bedeutet die gezielte Meinungsbeeinflussung durch besondere Kommunikationsmittel. Letztlich gehört zur Werbung jede Art der nicht persönlichen Förderung von Vorstellungen und Ideen über Waren oder Dienstleistungen, die von Unternehmen bei bezahlten Medien in Auftrag gegeben werden. Das werbetreibende Unternehmen (z. B. ein Bekleidungshersteller) übermittelt dabei an eine oder mehrere Zielgruppen (z. B. Endkunden) eine Werbebotschaft mit dem Ziel, die Einstellung dieser Zielgruppe gegenüber dem Werbeobjekt (z. B. Skibekleidung) zu beeinflussen. Bei diesem Werbeobjekt kann es sich um Produkte und Leistungen oder auch um das Unternehmen selbst handeln.

Onlinewerbung benutzt das Internet als Kommunikationsmittel. Sie ist zu unterscheiden von der Offlinewerbung, die traditionelle Medien wie Fernsehen, Zeitungen oder Zeitschriften nutzt.

Onlinewerbung und Offlinewerbung schließen sich jedoch nicht aus. Im Gegenteil – sie ergänzen sich und sollten daher aufeinander abgestimmt werden.

Die Verknüpfung von Online- und Offlinewerbung ist vor allem für kleine und mittelständische Unternehmen wichtig, wenn die Zielgruppe das Internet noch nicht so intensiv nutzt und daher vielleicht eher über traditionelle Medien angesprochen werden kann.

Haben Sie es gewusst? Die Werbung stellt in Deutschland einen bedeutenden Wirtschaftsfaktor dar.

Unabhängig davon, ob Formen der Offline- oder Onlinewerbung präferiert werden, gibt es einige Aspekte, die immer beachtet werden müssen. Hierzu zählen die Gestaltung der Botschaft, die Selektion geeigneter Medien sowie Werbeerfolgskontrollen.

1. Gestaltung der Werbebotschaft

Werbung stellt die meistgenutzte Form der Kommunikationsinstrumente dar. Wie schon angesprochen, gehören zu den typischen Zielen der Werbung:

- Absatzförderung eines bestimmten Produktes,
- Bildung und Verbreitung eines positiven Images,
- Erhöhung des Bekanntheitsgrads eines Unternehmens.

Es wird deutlich: Je nach Zielsetzung sieht die Botschaft anders aus. Daher ist zunächst festzulegen, welche Werbeziele verfolgt werden. Bei der Gestaltung der Botschaft kann man sich an der hier schon erwähnten AIDA-Regel orientieren, nach der die Werbung zunächst Aufmerksamkeit (Attention) wecken, danach Interesse (Interest) hervorrufen, einen Kaufwunsch (Desire) erzeugen und schließlich zum Kauf (Action) führen soll.

Gelingt es nicht, Aufmerksamkeit zu erzeugen, bleibt die Werbung auch nicht in Erinnerung und hat somit keine Wirkung. Bei der anschließenden Umsetzung müssen eine Reihe von Entscheidungen zur Gestaltung der Botschaft getroffen werden. Zu ihnen zählen beispielsweise die folgenden:

- Soll die Botschaft eher emotional oder rational gestaltet sein bzw. welches Mischungsverhältnis erscheint sinnvoll, wenn z. B. Basisinformationen zum Produkt mit emotionalen Elementen gekoppelt werden sollen?
- Über welchen Überbringer soll die Botschaft vermittelt werden? Welche Personen (Mutter, Kind, Vater, Geschäftsfrau, Manager etc.), Tiere, Landschaften oder sonstige Motive erscheinen geeignet, die Werbebotschaft zu überbringen? Hier ist auch zu entscheiden, ob bekannte Persönlichkeiten oder unbekannte Personen auftreten sollen. Der größte Teil der Werbung wird mit unbekannten Personen gestaltet, die allerdings bei besonders wertvollen Werbekampagnen über die Werbung bekannt werden.
- Welche Inhalte sollen genau festgelegt werden?
- Wie soll die Wortwahl aussehen?
- Welche Farben sollen gewählt werden?
- Welche Bilder sollten ausgewählt werden?
- Welche Schriftart sollte ausgesucht werden?
- Wie groß sind Schriftart, Fotos etc.?
- Wie erfolgt die Anordnung?

2. Mediaselektion

Wenn die Botschaft steht, ist als nächstes zu entscheiden, über welches Medium sie vermittelt werden soll. Zu den wichtigsten Medien gehören:

- Printmedien (Tageszeitungen, Supplements, Wochenzeitungen, Publikumszeitschriften, Special-Interest-Medien, Anzeigenblätter),
- Fernsehen,
- Radio,
- Kino,
- Onlinemedien wie v. a. das Internet,
- Außenwerbung (Plakate).

Nicht jedes Medium ist für jede Art der Botschaft geeignet. Somit spielt zunächst die Art der Werbebotschaft eine entscheidende Rolle für die Selektion der Medien. Auch die Zielgruppe ist natürlich wichtig. So erscheint es wenig sinnvoll, eine Werbebotschaft, die sich v. a. an Frauen wendet, in einer Formel-1-Sendung zu platzieren oder eine solche Annonce in einer Automobilzeitschrift zu schalten. Weitere wichtige Kennzahlen sind:

- Der sogenannte Tausend-Kontakt-Preis (TKP) bezeichnet hinsichtlich eines bestimmten Mediums den Preis dafür, dass 1000 Zuschauer, Lesen oder Hörer (Rezipienten) erreicht werden.
- Die Reichweite drückt aus, wie viel Prozent der Bevölkerung oder der Zielgruppe mit dem gewählten Medium erreicht werden.

3. Werbeerfolgskontrolle

Werbemaßnahmen kosten viel Geld und müssen daher – wie übrigens die anderen Marketingmaßnahmen auch – auf ihre Wirkung hin überprüft werden. Dies ist nicht immer einfach, da die Werbung kurz- und langfristige Effekte hat. Kurzfristig wird eher die Bekanntheit oder der Umsatz eines Unternehmens beeinflusst. Langfristig wird dagegen eher das Image von Produkt und Unternehmen beeinflusst. Es gilt die Frage, auf welche Werbemaßnahmen sich diese Veränderungen zurückführen lassen. Wenn frühere Werbemaßnahmen das Wirkungsergebnis aktueller Kampagnen beeinflussen, wird von Carry-Over-Effekten gesprochen.

Daneben gibt es die Spill-Over-Effekte, die den Umstand bezeichnen, dass das positive Image eines Produktes auf das Image eines anderen Produktes übertragen wird. Das gilt auch für ein negatives Image. Sowohl die Carry-Over-Effekte als auch die Spill-Over-Effekte sind nicht exakt messbar.

Trotz dieser Schwierigkeiten bei der Wirkungsmessung sollten Werbemaßnahmen kontrolliert werden. In der Regel passiert dies über die Methoden der Marktforschung. Typisches Beispiel ist der Anzeigentest. Denn ohne zumindest ein gewisses Maß an Kontrolle, ist es kaum möglich zu sagen, ob die Werbung im Sinne der vorher festgelegten Kommunikationsziele tatsächlich erfolgreich ist oder nicht. Mitunter empfiehlt sich hier auch die Einschaltung eines professionellen Marktforschungsinstitutes. Denn letztlich sind die Ausgaben hierfür gering im Vergleich zu den Ausgaben für die Schaltung der Werbung in den Medien, die etwa zwei Drittel der Werbekosten insgesamt ausmachen.

Infobox

Der größte Teil all dieser Maßnahmen wird übrigens nicht durch die Unternehmen selbst, sondern von Werbeagenturen durchgeführt. Diese erhalten in Form eines Briefings die Ziele und Vorgaben des Unternehmens, präsentieren dann verschiedene Entwürfe und realisieren daraufhin das vom Auftraggeber ausgewählte Konzept. Die meisten Agenturen haben eigene Medienabteilungen und wirken auch bei der Medienauswahl und -belegung mit.

Auf einen Blick

Unabhängig ob offline oder online:
→ Es muss zunächst festgelegt werden, welcher Inhalt in welcher Form gestaltet wird, um die anvisierten Ziele zu erreichen (Gestaltung der Botschaft),

➜ es muss vor dem Hintergrund von Kriterien wie Eignung des Mediums, Zielgruppe, Tausend-Kontakt-Preis und Reichweite das geeignete Medium ausgewählt werden,

➜ es ist im Rahmen von professionellen Marktforschungsmethoden soweit wie möglich zu prüfen, welchen Erfolg die durchgeführten Werbemaßnahmen tatsächlich haben.

Um die anvisierten Ziele der Werbung zu erreichen, stellt mittlerweile gerade das Internet vielfältige Werbemittel und -möglichkeiten zur Verfügung. Zu den wichtigsten Instrumenten zählen hier:

1. Gestaltung des Internetauftritts

Aus dem Inhalt, der Aufmachung, der Navigation und der Aktualität eines Internetauftritts lassen sich wichtige Hinweise auf das Produkt- und Leistungsprogramm sowie das Unternehmen selbst ziehen. Damit stellt die Gestaltung des Internetauftritts selbst eine Form der Onlinewerbung dar. Konkrete Maßnahmen sind dabei insbesondere:

● die ansprechende Darstellung der Inhalte,
● die benutzerfreundliche Navigation,
● die Einrichtung interaktiver Kommunikationsmöglichkeiten mit dem Kunden.

Ziel ist es letztlich, den Besucher zu einem wiederholten Besuch der Seite oder zum Kauf eines Produktes zu animieren. Aufgrund der Bedeutung, welche die Gestaltung eines Internetauftritts hat, empfiehlt es sich, einen spezialisierten Dienstleister in Anspruch zu nehmen. Vor der ersten Kontaktaufnahme sollte dabei unbedingt spezifiziert werden, welche Ziele das Unternehmen mit dem Internetauftritt verfolgt und welche Anforderungen sich an den Internetdienstleister ergeben.

2. Platzieren von Bannern

Bei Bannern handelt es sich um rechteckige Grafiken, die auf der Webseite eines anderen Unternehmens angezeigt werden und über einen Link zur werbenden Homepage verfügen. Beispiel ist ein Sportartikelhersteller, der ein Banner auf die Homepage einer Skizeitschrift platziert, das mit einem Link zur Homepage des Sportartikelherstellers hinterlegt ist.

Prinzipiell lassen sich Banner bei sämtlichen Produkten und Leistungen einsetzen. Vorteil der Bannerwerbung ist, dass sie zielgruppen- und nutzerorientiert erfolgen kann. Voraussetzungen sind:

- die Gestaltung eines Banners entweder mithilfe eines Bannergenerators oder Banneragenturen,
- die Suche nach geeigneten Internetseiten für die Platzierung von Bannern,
- eine regelmäßige Erfolgsmessung.

Geeignete Seiten für die Platzierung von Bannern sind beispielsweise Suchmaschinen oder Internetportale, d. h. sämtliche Seiten, die von der gleichen oder ähnlichen Zielgruppe aufgesucht werden. Die Erfolgsmessung empfiehlt sich anhand von quantifizierbaren Größen wie Anzahl der Pageimpressions (abgerufene Internetseiten), Anzahl der Klickraten (Zugriffe zu einem Inhalt) und Anzahl der ausgeführten Kaufakte. Nachteil der Bannerwerbung ist die Vielzahl gegenwärtig existierender Banners, die von den Nutzern oft überhaupt nicht mehr wahrgenommen werden.

Aus der Perspektive kleiner und mittelständischer Unternehmen bieten sich auch Banneraustauschprogramme oder Bannernetzwerke bzw. -kooperationen an. Bei beiden Konzepten tauschen die beteiligten Unternehmen Banner untereinander aus. Beispiel ist ein Sportartikelhersteller, der sein Banner auf der Homepage einer Skizeitschrift platziert, die ihrerseits ihr Banner auf der Homepage des Sportartikelherstellers unterbringt.

3. Pop-up-Fenster oder Interstitials

Bei Pop-up-Fenstern oder Interstitials werden beim Laden einer Internetseite kleine Browserfenster aufgebaut. Bei Nichtinteresse kann der Nutzer das Browserfenster schließen. Ähnlich wie Banner bieten sich Pop-up-Fenster oder Interstitials für sämtliche Produkte und Leistungen an. Im Unterschied zu Bannern erzeugen Pop-up-Fenster mehr Aufmerksamkeit, da beim Laden ein extra Fenster geöffnet wird, das der Internetnutzer erst schließen muss, um die gewünschte Seite zu sehen. Somit muss er einen Blick auf das Pop-up-Fenster werfen, was bei Bannern nicht unbedingt der Fall ist. Um ein Pop-up-Fenster zu gestalten, empfiehlt es sich, einen spezialisierten Dienstleister in Anspruch zu nehmen. Ein Nachteil ist, dass der Nutzer verärgert sein kann, wenn er zuerst das Pop-up-Fenster schließen muss, bevor er Zugang zur Webseite erhält. Im Extremfall könnte dies dazu führen, dass der Nutzer unzufrieden ist und den Internetauftritt nicht noch einmal besucht.

4. E-Mail

Per E-Mail lassen sich Informationen über ein Produkt- oder Leistungsangebot an eine große Menge von Internetnutzern verschicken. Sie sind prinzipiell für alle Produkte und Leistungen geeignet. Nachteil ist, dass in Deutschland das Versenden von Massenmails, das sogenannte Spamming, gesetzlich verboten ist. Deshalb dürfen E-Mails zu Werbezwecken nur dann verschickt werden, wenn der Empfänger der E-Mail ausdrücklich sein Einverständnis erklärt hat.

5. Advertising

Eine andere Form der Internetwerbung stellt das sogenannte Advertising dar. Hier wird die Werbung auf einen Suchbegriff bezogen platziert, d. h., dass je nach gesuchten Begriffen die passenden Banner dazugeschaltet werden.

Auf einen Blick

Potenzial und Spektrum an Werbemaßnahmen werden durch das Internet stark erweitert:
→ Homepage,
→ Banner,
→ Pop-up,
→ E-Mail,
→ Advertising.

6.5 Direktmarketing

Werbung in den skizzierten Formen ist aber nicht alles; daneben werden andere Kommunikationsstrategien immer wichtiger. Hierzu zählt auch das Direktmarketing. Das Direktmarketing umfasst sämtliche Kommunikationsmaßnahmen, die darauf ausgerichtet sind, durch eine gezielte Einzelansprache einen direkten Kontakt zum Adressaten herzustellen und einen unmittelbaren Dialog zu initiieren. Auch die indirekte Ansprache, die die Grundlage für einen Dialog in einer zweiten Stufe bilden soll, gehört dazu.

In erster Linie wird also versucht, einen möglichst direkten und gezielten Kontakt zwischen Anbieter und Abnehmer herzustellen. Zusätzlich zu den jeweils spezifischen Kommunikationszielen gelingt es, mithilfe der Direktkommunikation:

- Informationen über das Produkt zu vermitteln,
- Unternehmensleistungen anzubieten,
- neue Kunden zu binden,
- die bisherige Kundenbindung zu intensivieren,
- die Einladung zu speziellen Kundenveranstaltungen zu übermitteln.

Nach der Art der Interaktion zwischen Anbieter und Nachfrager lassen sich folgende Formen unterscheiden:

1. Passives Direktmarketing

Beim passiven Direktmarketing werden die Konsumenten z. B. durch adressierte Werbebriefe, Kataloge oder unadressierte Mailings wie Flugblätter oder Hauswurfsendungen angesprochen. Es handelt sich zwar um eine direkte Kundenansprache, der Konsument wird jedoch lediglich in allgemeiner Form auf die Leistungen des Unternehmens aufmerksam gemacht. Ein direkter Kundendialog entsteht hier nicht.

2. Reaktionsorientiertes Direktmarketing

Hat der Konsument die Möglichkeit, auf das Mailing zu reagieren, liegt eine Form des reaktionsorientierten

Marketings vor. Eine derartige direkte und individuelle Einzelansprache erfolgt z. B. mit sogenannten Mailorder-Paketen. Dabei handelt es sich um adressierte Werbesendungen, die z. B. aus einem Werbebrief, einem Prospekt, einer Rückantwortkarte und einem Versandkuvert bestehen.

3. Interaktionsorientiertes Direktmarketing
Bei dieser Form des Direktmarketings kommt es zu einem direkten, gegenseitigen Informationsfluss zwischen Anbieter und Nachfrager. Typisches Beispiel ist das Telefonmarketing, das einen direkten, persönlichen Kontakt mit ausgewählten Personen ermöglicht. Dabei kann auf die Wünsche und Anregungen der Zielperson unmittelbar eingegangen werden.

4. Direct-Response-Werbung
Werden Direktmarketingelemente in klassische Werbeformen eingebaut, spricht man auch von Direct-Response-Werbung. Typische Beispiele sind Printanzeigen mit Antwortcoupon oder Fernsehwerbespots mit eingeblendeter Telefonnummer und der Aufforderung zur Rückmeldung.

Voraussetzung für ein erfolgreiches Direktmarketing ist eine aktuelle Datenbank mit allen relevanten Kundendaten. Hierzu gehören neben Adresse, Telefonnummer etc. insbesondere demografische (z. B. Alter, Geschlecht) und psychografische (z. B. Interessen, Meinungen) Daten, Mediennutzungsdaten sowie Daten über das frühere Kaufverhalten. Sowohl im BtC- als auch BtB-Bereich werden inzwischen verstärkt sogenannte Customer-Relationship-Management-Systeme eingesetzt. Dabei handelt es sich um Datenbanken, die eine Systematisierung der Kundendaten und der Marketingmaßnahmen hinsichtlich der einzelnen Kunden ermöglichen. Sie werden in Kapitel 9 nochmals näher betrachtet.

> **Infobox**
>
> **Analyse und Aufbereitung kundenbezogener Daten sind wichtige Voraussetzungen; aber woher bekommen die Unternehmen all diese Kundendaten? Eine der wichtigsten Informationsquellen stellt hier die Kundenkarte dar, aus deren Auswertung ersichtlich wird, wo der Kunde welche Produkte in welcher Menge eingekauft hat.**

Ziel des Direktmarketings ist letztlich die Verbesserung des interaktiven Dialogs zwischen Unternehmen und Endverbraucher, ohne Einschaltung von Absatzmittlern wie z. B. Handel oder Außendienstmitarbeiter. Das Internet kann hierbei ein wichtiges Medium darstellen. Die Vorteile liegen insbesondere in der globalen Reichweite des Internets sowie in der direkten Ansprache jedes Nutzers und jedes Endabnehmers, wenn diese einen Internetzugang haben.

Typische Instrumente sind:
- die individualisierte Gestaltung der Internetseiten,
- der direkte Versand von E-Mails,
- der Versand von unter Umständen individuell gestalteten Newslettern,
- die Einrichtung von virtuellen Communitys.

Grund für den Einsatz all dieser Maßnahmen ist die Erhöhung der Kundenbindung. Sie wird vor dem Hintergrund der Transparenz im Internet und den intensivierten Wettbewerbsbedingungen immer wichtiger. Durch den interaktiven Kontakt mit der Zielgruppe lässt sich Kundenbindung eher realisieren als durch die anonyme Ansprache, z. B. per Fernsehspot, Anzeige in einer Zeitschrift oder Bannerwerbung.

Neben Direktmarketing spielt Verkaufsförderung eine wichtige Rolle im Rahmen der Kommunikationsstrategie. Häufig wird Verkaufsförderung auch Salespromotion oder Promotion genannt. Unter Verkaufsförderung fallen sämtliche verkaufsunterstützenden Maßnahmen wie z. B.:
- Zugabe von Sammelbildern in Süßigkeiten,
- Zugabe von Spielzeugen in Kinderzeitschriften,
- Durchführung von Probieraktionen im Handel,
- Gewährung zeitlich befristeter Sonderpreise,
- Wettbewerb für die Mitarbeiter eines Verkaufsaußendienstes.

Zielgruppen verkaufsfördernder Maßnahmen sind Kunden bzw. Endverbraucher, Händler der Absatzmittler sowie Verkäufer und Außendienstmitarbeiter. In Abhängigkeit von der jeweiligen Zielgruppe lassen sich die drei folgenden Arten der Verkaufsförderung unterscheiden:

1. Konsumentengerichtete Verkaufsförderung

Konsumentengerichtete Verkaufsförderungsaktionen werden vom Hersteller und/oder Handelspartner durchgeführt. Ziel ist es, den Endkonsumenten auf das Produkt des Unternehmens aufmerksam zu machen, Probekäufe zu erzielen, Wiederholungskäufe zu erreichen und Impulskäufe anzuregen, um somit letztlich den Abverkauf aus dem Handel zu fördern. Typische Maßnahmen sind:

- Produktproben,
- Sonderangebote und Jubiläumsangebote,
- Gutscheine/Coupons,
- Gewinnspiele und Preisausschreiben,
- Rücknahme- und Rückerstattungsangebote,
- Verkostungen,
- Produktvorführungen und -demonstrationen.

> **Infobox**
>
> All diese beschriebenen Maßnahmen lassen sich auch sehr gut auf der Basis des Internets realisieren.

2. Händlergerichtete Verkaufsförderung

Primäres Ziel auf der Ebene des Handels ist ebenfalls, die Aufmerksamkeit für das Produkt zu erhöhen, damit das Produkt überhaupt gelistet wird, eine bessere Platzierung im Verkaufsraum erhält oder die Bestellmengen steigen. Zu den wichtigsten Verkaufsförderungsmaßnahmen zählen hier z. B.:

- Beratung und Unterstützung bei der Gestaltung der Verkaufsräume,
- produktbezogene Schulung der Mitarbeiter des Handels,
- temporärer Einsatz von Personal für Verkaufsförderungsaktionen,
- monetärer Anreiz wie Rabatte (z. B. Sortimentsrabatte, Platzierungsrabatte, Logistikrabatte), Werbekostenzuschüsse, Nachlässe oder Gratisware,
- Bereitstellung von Displays,
- kaufmännische Beratung wie Kalkulationshilfen, Planerfolgshilfen etc.

3. Verkaufsförderung des Außendienstes

In Bezug auf den Außendienst geht es primär darum, die Motivation zu erhöhen und damit die Aktivitäten des Außendienstes zu intensivieren. Häufig besteht das primäre Ziel jedoch zunächst darin, die Produktkenntnisse der Außendienstmitarbeiter zu verbessern. Zu den wichtigsten Verkaufsförderungsmaßnahmen zählen hier z. B.:

- Schulungen,
- materielle Anreize wie Verkaufswettbewerbe mit Geld- oder Sachpreisen, Incentives (Gratifikationen) oder Prämiensysteme,
- Produktvorführungen,
- Verkaufstreffen, um Erfahrungen auszutauschen,
- Verkaufsunterstützung durch Bereitstellung von Handbüchern, Mustern, Demonstrationsobjekten etc.

Mitunter wird bei den verkaufsfördernden Maßnahmen auch zwischen einer Pull- und einer Pushstrategie unterschieden. Ziel einer Pullstrategie ist eine massive Beeinflussung der Endverbraucher, um die Nachfrage nach diesem Produkt zu erhöhen; bei einer Pushstrategie soll der Händler dazu veranlasst werden, das Produkt zu listen bzw. zu bestellen.

Auf einen Blick

Ziel des Direktmarketings sind direkte Ansprache und Dialog mit dem Kunden, um ihn auf das Produkt aufmerksam zu machen, seine Wünsche und Bedürfnisse abzufragen und die Kundenbindung zu intensivieren. Ziel der Verkaufsförderung ist es, bei Endverbrauchern, Händlern und Außendienstmitarbeitern die Aufmerksamkeit für das Produkt zu erhöhen.

6.6 Persönlicher Verkauf und Messen

Das Spektrum an Kommunikationsstrategien und -maßnahmen ist damit noch lange nicht ausgeschöpft. Auch persönlicher Verkauf und Messen spielen eine maßgebliche Rolle, um auf das Produkt aufmerksam zu machen.

1. Persönlicher Verkauf

Beim persönlichen Verkauf handelt es sich um einen interaktiven Prozess, in dem Verkäufer über ein Produkt informieren, um den Käufer zu einem Kauf zu veranlassen. Dies gelingt nur, wenn der Verkäufer von der Qualität des von ihm angebotenen Produktes überzeugt ist.

Ansonsten ist er nicht in der Lage, ein erfolgreiches Verkaufsgespräch zu führen. Darüber hinaus sollten folgende Regeln beachtet werden:

- positives Verhältnis zum Produkt zeigen,
- ausreichend Sachkenntnisse über das Produkt aneignen und letztlich auch vermitteln,
- Motive des potenziellen Käufers analysieren und auf diese eingehen,
- Kunden aktivieren – z. B. durch den Einsatz von Verkaufsmaterialien, Videos etc.,
- Kunden bestätigen,
- Kundeneinwände positiv behandeln.

Verkaufsgespräche funktionieren nur dann, wenn es gelingt, dem Kunden das Gefühl zu vermitteln, dass ihm für sein Problem eine für ihn tragbare Lösung angeboten wird, deren Nutzen höher ist als die für ihn entstehenden Kosten.

Das Verkaufsgespräch hört jedoch nicht auf, wenn der potenzielle Kunde überzeugt ist und das Produkt kauft bzw. den Kaufvertrag abschließt. Im Gegenteil – ist der Kauf erst zustande gekommen, muss der Verkäufer gegen anschließende Bedenken seitens des Käufers vorbeugen und ihn auch noch nachträglich von der Richtigkeit des Kaufes überzeugen. Konkret kann dies beispielsweise durch Anrufe oder Briefe nach einem Kauf erreicht werden.

An anderer Stelle wurde es schon erwähnt: Das Phänomen der Bedenken, die nach einem Kauf entstehen können, wird in der Psychologie als kognitive Dissonanz bezeichnet. Nach einem Kauf kommen die Bedenken, ob der Kauf tatsächlich richtig war, oder ob es nicht besser gewesen wäre, ein anderes Produkt zu kaufen. Eine typisch menschliche Strategie zur Reduktion dieser Dissonanzen ist der Rückgriff auf Informationen, die den Kauf rechtfertigen. Dies kann vom Verkäufer aktiv unterstützt werden.

2. Messen

Bei Messen handelt es sich um zeitlich begrenzte Veranstaltungen, bei der verschiedene Aussteller ihr Angebot zur Schau stellen. Diese Veranstaltungen finden regelmäßig statt und sollen primär Händler und Fachbesucher ansprechen. Viele Fachmessen bieten aber inzwischen auch der interessierten Öffentlichkeit Zugang – meistens nicht über die gesamte Dauer der Messe, sondern an ausgewählten Publikumstagen. Daneben gibt es auch Messen, die primär für die Öffentlichkeit konzipiert sind.

> **Infobox**
>
> Wussten Sie es? Deutschland ist Weltmarktführer in der Messebranche. Insgesamt gibt es 24 Messeplätze allein in Deutschland; drei der vier größten der Welt befinden sich hier. Zudem finden zwei Drittel aller sogenannten Leitmessen, d. h. die weltweit wichtigste Messe einer Branche, in Deutschland statt.

Unabhängig davon, an wen sich die Messe letztlich wendet, haben Messen unterschiedliche Funktionen und Zielsetzungen:

● Einholung von Informationen über Markt, Wettbewerber, Branchentrends sowie Wünsche und Bedürfnisse des Kunden; so gilt die Messe z. B. als wichtigstes Instrument einer Wettbewerbsanalyse,

- Realisierung von Verkäufen durch Neuproduktvorstellung, Gewinnung von Zwischenhändlern, Erschließung neuer Märkte, Tätigen von Verkaufsabschlüssen und letztlich auch Kundenbindung durch persönliche Kommunikation; die Messe ist eine der wichtigsten Plattformen für das sogenannte Networking,

- Erzielung von Aufmerksamkeit auf das Produkt sowie die Steigerung des Bekanntheitsgrades,

- sonstige Ziele wie die Gewinnung neuer Mitarbeiter, die Realisierung einer projektbezogenen Teamarbeit sowie letztlich auch die Motivation von Mitarbeitern und Außendienstmitarbeitern; Messen stellen auch einen wichtigen sozialen Event dar.

> **Infobox**
>
> Neben den realen Messen sind im Internet zunehmend virtuelle Messen zu beobachten. Sie haben sich jedoch noch nicht durchgesetzt, denn letztlich fehlt die Komponente des direkten Verkaufs, die bei realen Messen eine ganz wesentliche Rolle spielt. Möglicherweise werden aber Entwicklungen wie Second Life oder Web 2.0 hier ganz neue Potenziale eröffnen.

Den Vorteilen einer Messe stehen im Wesentlichen der hohe finanzielle und personelle Aufwand einer Messebeteiligung gegenüber. Aus diesem Grund schließen sich manche Aussteller zusammen und mieten gemeinsam einen Messestand, wenn sie ergänzende Produkte und Leistungen anbieten.

Auf einen Blick

Ziel des persönlichen Verkaufs ist es, den Kunden vom Kauf zu überzeugen und nach dem Kauf entstehende Dissonanzen zu vermeiden. Ziel von Messen ist es, sich über Branche, Wettbewerber und Kunden zu informieren, den Verkauf zu fördern, auf Unternehmen und Produkt aufmerksam zu machen sowie Kommunikationsbeziehungen und Kontakte zu pflegen.

6.7 Sponsoring, Productplacement und Eventmarketing

Das Spektrum an zur Verfügung stehenden Kommunikationsmöglichkeiten geht noch weiter: Bei Sponsoring, Productplacement und Eventmarketing handelt es sich um ziemlich neue Instrumente der Kommunikationspolitik von Unternehmen. Ähnlich wie z. B. das Direktmarketing werden sie von immer mehr Unternehmen eingesetzt, um die nachlassende Effizienz der klassischen Werbung auszugleichen.

1. Sponsoring

Sponsoring bedeutet die Planung, Organisation, Durchführung und Kontrolle sämtlicher Aktivitäten, die mit der Bereitstellung von Geld, Sachmitteln, Dienstleistungen oder Know-how durch Unternehmen zur Förderung von Personen und/oder Organisationen im sportlichen, kulturellen und/oder sozialen Bereich verbunden sind, um dadurch die Ziele der Unternehmenskommunikation zu verbessern. Typische Beispiele sind die Unterstützung großer Fußballvereine durch den Zuschuss von Geldern oder auch die Finanzierung von Sportveranstaltungen oder kulturellen Veranstaltungen.

> **Infobox**
>
> **Der wesentliche Unterschied zwischen Sponsoring und klassischem Mäzenatentum besteht darin, dass beim Sponsoring durchaus ökonomische Ziele vorhanden sind und es letztlich um Leistung und Gegenleistung geht.**

Um entscheiden zu können, welche Sponsoringmaßnahmen sinnvoll sind, müssen Unternehmen zum einen die gesellschaftlichen Entwicklungen beobachten, zum anderen analysieren, an welchen Sponsoringaktivitäten die eigenen Kunden im weitesten Sinne Interesse haben. So bietet es sich für einen Bierhersteller nicht unbedingt an, ein Poloturnier zu unterstützen; für einen Sekt- oder Champagnerhersteller jedoch schon eher.

2. Productplacement

Unter Productplacement wird die bewusste Platzierung eines Markenproduktes im Rahmen eines Films, einer Fernsehsendung oder einer ähnlichen Darbietung gegen Entgelt oder Sachleistungen verstanden. Das Produkt wird dabei in seinem normalen Gebrauchsumfeld gezeigt und soll in Verbindung mit meist berühmten Darstellern die Konsumenten zum Kauf animieren. Im Vergleich zur klassischen Fernsehwerbung, die – in Werbeblöcken ausgestrahlt – von vielen Zuschauern bewusst ausgeschaltet bzw. nicht wahrgenommen wird, gelingt es Unternehmen hier eher, Beachtung bei den Zuschauern zu finden.

Productplacement kann in verschiedenen Formen eingesetzt werden:

● Darstellung einzelner Produkte,
● Darstellung des gesamten Unternehmens – in diesem Zusammenhang spricht man auch von Corporateplacement,
● Darstellung der gesamten Produktgruppe.

Problematisch an all diesen genannten Maßnahmen des Productplacements sind die strikten bzw. in Teilen nicht ganz klar geregelten rechtlichen Rahmenbedingungen, die das Productplacement in Fernsehfilmen eng limitieren bzw. faktisch fast verbieten. Dennoch hat Productplacement eine wichtige Bedeutung erlangt und stellt für viele Unternehmen eine effiziente Ergänzung zu den übrigen Kommunikationsmaßnahmen dar.

> **Hätten Sie das erwartet? Große Teile der Produktionskosten bestimmter Filme können durch die Einnahmen aus dem Productplacement finanziert werden. Es lohnt sich also!**

2. Eventmarketing

Zum Eventmarketing zählen Veranstaltungen, die ein Produkt oder ein Unternehmen emotional einer bestimmten Zielgruppe vermitteln. Typischerweise sind Events dadurch gekennzeichnet, dass die Teilnehmer aktiv sind und die Veranstaltung eventuell in Teilen auch selbst gestalten. Auf diese Weise ist es möglich, Inhalte besser zu vermitteln und das Zusammengehörigkeitsgefühl von Gruppen zu steigern. Erfolgreich ist ein Event dann, wenn es gelingt, Teilnehmer, Ort und Inhalt der Veranstaltung sinnvoll zusammenzubringen. Typische Beispiele für Events sind:

- Außendienstkonferenzen,
- Motivationsveranstaltungen,
- Incentivereisen,
- Händlerpräsentationen,
- Sport- und Kulturveranstaltungen,
- Aktionärsversammlungen,

- Roadshows,
- Festveranstaltungen und Galas,
- Tage der offenen Tür,
- Jubiläumsveranstaltungen.

> **Infobox**
>
> Eventveranstaltungen, die sich primär an Händler und Außendienstmitarbeiter richten, gab es schon immer. Neu ist jetzt die Organisation von Eventveranstaltungen für den Endverbraucher, um die emotionale Bindung des Verbrauchers an Produkte und Unternehmen zu intensivieren.

Auf einen Blick

→ Sponsoring dient der Unterstützung von Institutionen bzw. kultureller und/oder sozialer Veranstaltungen.

→ Productplacement dient der Bekanntmachung der Produkte durch Einbindung in den Gebrauchszusammenhang in Fernsehfilmen.

→ Eventmarketing gilt der gezielten Veranstaltung von Events, um dem niedrigen Involvement der Kunden in vielen Branchen durch eine persönliche Begegnung mit Produkten und Unternehmen entgegenwirken zu können.

6.8 Öffentlichkeitsarbeit

Maßnahmen der Öffentlichkeitsarbeit wenden sich nicht an einzelne Zielgruppen und einzelne Kunden, sondern an die Öffentlichkeit an sich. Zu den wichtigsten Zielen zählen der Ausbau des Bekanntheitsgrades eines Unternehmens, die Information über das Unternehmen sowie der Aufbau eines Dialogs mit der Öffentlichkeit, um Glaubwürdigkeit und Vertrauen beim Kunden zu erwecken, zu erhalten bzw. zu verbessern. Letztlich soll dadurch Sympathie zum Unternehmen aufgebaut bzw. ein positives Unternehmensimage erzeugt werden.

Im Mittelpunkt der Öffentlichkeitsarbeit – die häufig auch Public Relations oder PR genannt wird – stehen dabei entweder das Unternehmen oder ein einzelnes Produkt. Zielgruppen sind interne und externe Gruppen der Öffentlichkeit. Zu den wichtigsten zählen:

- Mitarbeiter des Unternehmens,
- aktuelle und potenzielle Kunden,
- Aktionäre,
- Journalisten,
- Meinungsführer,
- staatliche Stellen,
- Lieferanten,
- Kreditgeber.

All diese Zielgruppen der Öffentlichkeitsarbeit werden häufig auch als Stakeholder bezeichnet, im Unterschied zu den Shareholdern, bei denen es sich um die Eigentümer des Unternehmens, d. h. die Aktionäre oder Gesellschafter, handelt.

Die Realisierung von PR-Maßnahmen erfolgt meist mithilfe von Instrumenten der Pressearbeit. Zu ihnen zählen im Wesentlichen Pressekonferenzen, Pressemitteilungen sowie die Erstellung von Prospekten und Materialien für die Medien. Hierzu zählt auch die Bereitstellung von Informationen für Journalisten sowohl offline als auch online über das Internet. Diese Bereitstellung erfolgt meist in Form von Pressemitteilungen, die auch im Internet abrufbar sind bzw. an Journalisten und Medien verschickt werden.

Auch der persönliche Dialog ist im Rahmen von PR-Maßnahmen wichtig. Erreicht wird er letztlich durch die Pflege persönlicher Beziehungen zu Meinungsführern, Journalisten und Regierungsvertretern sowie durch das Engagement des Unternehmens in Vereinen, in der Kirche oder sonstigen sozialen Gruppierungen.

Die regionale Öffentlichkeit kann man beispielsweise durch die Organisation von Tagen der offenen Tür, Wettbewerbe oder auch größere Betriebsbesichtigungen ansprechen.

Öffentlichkeitsarbeit ist ein Mittel, um eine Corporate Identity aufzubauen, d. h. ein Bild der Unternehmensidentität nach außen.

Die internen Mitarbeiter erreicht man am besten mit:
- hausinternen Mitteilungen und Werkszeitschriften,
- Informationsveranstaltungen,
- internen Sport-, Kultur- und Sozialeinrichtungen,
- Betriebsausflügen.

Und über welche Inhalte soll durch die o. g. Maßnahmen konkret informiert werden? Typischerweise geht es um die Darstellung der wirtschaftlichen und technologischen Situation des Unternehmens, der zugrunde liegenden Geschäftsprinzipien, der Ausbildungs- und Fortbildungssysteme, um Beiträge zum Allgemeinwohl, dem Umweltbewusstsein sowie letztlich um den Wert für die jeweilige Region.

Auf einen Blick

Öffentlichkeitsarbeit oder PR richtet sich mit den Mitteln der Pressearbeit und anderen allgemeinen Informationswegen an die generelle Öffentlichkeit, um eine Verbesserung des Images von Produkt und Unternehmen zu erzielen.

6.9 Multimediakommunikation

In den vorherigen Kapiteln haben wir verschiedene Instrumente der Kommunikationspolitik kennengelernt, die von vielen Unternehmen einzeln verwendet werden. Multimediakommunikation bedeutet jetzt die Interaktion mit dem Kunden auf der Basis verschiedener Medien. Im klassischen Marketing gehören z. B. Fernsehen, Zeitschriften oder Radio dazu. Im Internet gibt es:

- elektronische Kataloge, die z. B. im BtB-Sektor häufig angewendet werden,
- interaktives Training und internetgestützte Schulungen, die sich z. B. im Zusammenhang mit dem Angebot von Dienstleistungen sowie dem Angebot im Bereich von Electronic Learning anbieten,
- Übertragung von Reden im Internet, um die vermittelten Inhalte auch denjenigen zur Verfügung zu stellen, die nicht anwesend sind/waren,
- virtuelle Communitys oder Chatrooms, um interaktiv mit Kunden und Internetnutzern kommunizieren zu können.

Ein Vorteil all dieser Instrumente ist die Übertragung multimedialer Inhalte (Verknüpfung von Text, Bild, Ton), um dem Kunden ein größeres Informationsspektrum zur Verfügung zu stellen. Beispiele sind elektronische Kataloge oder Onlineshops. Sie ermöglichen die Verknüpfung von Texten und Bildern, sodass der Kunde mehr Informationen hat, als durch einen bloßen Text.

Ein weiterer Vorteil ist die Unterstützung der interaktiven Kommunikation durch das Angebot virtueller Communitys und speziell auf den Kunden zugeschnittener Schulungs- und Lernsysteme sowie die Übertragung von Reden bei bestimmten Anlässen wie z. B. Eröffnungen oder Jubiläen. Letzteres stellt eine immer wichtigere Form der Öffentlichkeitsarbeit dar. Der Nutzen dieses Vorgehens liegt darin, Internetnutzer und Kunden stärker in das Unternehmensgeschehen einzubeziehen und auch denjenigen, die nicht die Möglichkeit der Teilnahme an einer Veranstaltung hatten, die Inhalte zu vermitteln.

> **Infobox**
>
> Audio- und Videoinformationen müssen in der sogenannten Echtzeit wiedergegeben werden, d. h. in der gleichen Geschwindigkeit wie die Aufzeichnung erfolgt ist.

Auf einen Blick

Multimediakommunikation bedeutet die Integration verschiedener Medien, v. a. auf der Basis des Internets, um die kommunikationspolitischen Ziele zu erreichen.

6.10 One-to-One-Marketing über das Internet

Das One-to-One-Marketing kennzeichnet ein Konzept des Marketings, das den Kunden stärker in den Vordergrund stellt und versucht, sowohl in der Produktion als auch in der Kommunikation die individuellen Kundenbedürfnisse zu berücksichtigen. Wie schon angedeutet, wird dies vor dem Hintergrund des intensiver werdenden Wettbewerbs sowie der zunehmenden Bedeutung der Kundenbindung immer wichtiger.

Daher sollte man sich nicht nur mit den dargestellten Instrumenten des Marketings und v. a. der Kommunikationspolitik auseinandersetzen, sondern auch mit den verschiedenen Möglichkeiten und Instrumenten des One-to-One-Marketings, um über den gezielten Einsatz entscheiden zu können.

Beim One-to-One-Marketing handelt es sich um eine Form der Kommunikation, die direkt zwischen einem Unternehmen und dem individuellen Kunden oder bestimmten Gruppen von Kunden mit ähnlichen Bedürfnissen stattfindet. Im Vordergrund steht also nicht die Ansprache eines Massenmarktes wie bei einigen der gezeigten Formen der klassischen Werbung, sondern der Dialog mit einem einzelnen Kundensegment. Hierin besteht der wesentliche Unterschied zu dem in Unterkapitel 6.5 erläuterten Direktmarketing.

Ziel des One-to-One-Marketings ist der Aufbau einer langfristigen Beziehung zu dem Kunden. Zu den wesentlichen Vorteilen zählen:

1. Simultane Ansprache verschiedener Zielgruppen

Das Internet erlaubt die simultane und parallele Ansprache verschiedener individueller Kunden. Dabei ist es prinzipiell egal, ob es sich um BtB- oder BtC-Beziehungen handelt. Beispiele sind Banken, die Privat- und Firmenkunden individuell zugeschnittene Einstiegsseiten anbieten.

2. Aufbau einer Kundenbeziehung

Die individuelle Ansprache und Versorgung des Kunden und mit auf ihn zugeschnittenen Informationen unterstützen den Aufbau einer langfristigen Kundenbeziehung. Beispiel ist hier der Bekleidungshersteller, der individuelle Seiten für seine Händler gestaltet, auf denen sie wichtige und aktuelle Informationen und Angebote erhalten. Dadurch erhöhen sich für die Händler der Nutzen und die Bindung zum Hersteller.

3. Niedrige Kosten

Die Durchführung von individuellen Marketingmaßnahmen ist im Internet zu geringeren Kosten möglich als in der realen Welt. Insbesondere zwei Gründe sind hierfür verantwortlich:

- Der Kundenkontakt auf der Basis von E-Mails ist sehr viel kostengünstiger als physisch verschickte und aufwendig erstellte Werbebriefe. So können beispielsweise viele Kopier- und Versandkosten sowie auch Herstellungskosten entfallen bzw. erheblich reduziert werden.
- Die individuelle Gestaltung von Internetseiten führt dazu, dass tatsächlich nur diejenigen potenziellen Kunden Informationen und Angebote erhalten, die sich dafür interessieren. Daher reduziert sich der zu erbringende Aufwand.

Zur Realisierung eines One-to-One-Marketingansatzes mithilfe des Internets ist es nicht ausreichend, eine individuelle Gestaltung der Webseite oder des Internetauftritts darzubieten. Zur Entwicklung einer One-to-One-Marketingstrategie sind mehrere Schritte erforderlich:

1. Akquisition von Kunden

Voraussetzung für die Realisierung einer One-to-One-Strategie ist die Bekanntmachung des Internetauftritts bei aktuellen und potenziellen Kunden und Zielgruppen. Dabei ist zu entscheiden:

- welche aktuellen und potenziellen Zielgruppen infrage kommen,

● durch welche weiteren Kommunikationsinstrumente sie auf den Internetauftritt aufmerksam gemacht werden können. Ziel ist dabei nicht nur die Bekanntmachung des Internetauftritts, sondern auch die Motivation, den Internetauftritt ein zweites Mal zu besuchen.

2. Gewährung von Anreizen

One-to-One-Marketing lässt sich nicht realisieren, wenn der Kunde nur ein einziges Mal die Webseite besucht, denn dann lassen sich weder wichtige Informationen gewinnen noch eine langfristige, individuelle Kundenbeziehung aufbauen. Daher muss der Kunde zu einem wiederholten Besuch motiviert werden. Möglich ist dies durch verschiedene Arten von Anreizen. Beispiele sind individuell zugeschnittene Newsletter, der Zugang zu Diskussionsforen oder spezifische Tipps für den Einsatz der Produkte.

> **Infobox**
>
> Viele Kunden lehnen derartige Strategien des One-to-One-Marketings kategorisch ab und fühlen sich z. T. sogar belästigt. Vor diesem Hintergrund hat sich eine ganz neue Form des Marketings herausgebildet – das sogenannte Permissionmarketing. Dabei muss der Kunde im Vorfeld genehmigen bzw. erlauben, dass er mit Marketing- und Werbemaßnahmen konfrontiert wird.

3. Gewinnung von Kundeninformationen

Die Gewinnung von Kundeninformationen erfolgt über die Beobachtung des Kundenverhaltens sowie durch die Abfrage relevanter Daten. Dabei muss sich das Unternehmen schon vorher darüber Gedanken machen, welche Daten relevant sind und wie diese Daten ermittelt werden können. Die Beobachtung des Kundenverhaltens auf den Internetseiten erfolgt über sogenannte Filter. Dabei wird z. B. ermittelt, welche Produkte sich der Kunde wie lange angeschaut und welche er gekauft hat, um zu erkennen, welche Produkte ihn interessieren.

4. Entwicklung des Dialogs

Um den individuellen Kundenkontakt aufrechtzuerhalten und einen langfristigen Dialog mit dem Kunden zu entwickeln, gibt es im Internet mehrere Möglichkeiten:

- Versand von E-Mails,
- Anzeige von Informationen, die sich auf den einzelnen Kunden beziehen und die bei der Anmeldung gewonnen werden. Beispiele sind kundenbezogen gestaltete Einstiegsseiten von Banken. Auf ihnen erhält der Kunde die für ihn relevanten Informationen (z. B. sein Konto, die von ihm gewünschten Aktienkurse, die von ihm gewünschten Serviceleistungen der Bank). Vorteil ist, dass der Anreiz zum Wechseln der Bank für den Kunden dadurch geringer wird.
- Lieferung individueller Informationen an jeden Einzelnen.

Personalisierung bedeutet die Lieferung von persönlich gestaltetem Inhalt für individuelle Personen, z. B. auf der Webseite oder per E-Mail. Damit die Personalisierung gelingt, müssen zwei Voraussetzungen erfüllt sein:

- Identifikation des Nutzers, z. B. mithilfe der IP-Adresse oder der Verwendung von Cookies,
- Konfiguration individuell zugeschnittener Inhalte, z. B. auf der Basis festgelegter Regeln, die sich auf die vorhandenen Informationen bzw. das Kundenprofil beziehen.

Auf einen Blick

Auf der Basis der vorher skizzierten Instrumente der Kommunikationspolitik sowie des Internets gelingt die Strategie des One-to-One-Marketings, die sich an individuell zugeschnittene Ziel- und Kundengruppen richtet. Im Wesentlichen basiert sie auf einer:

→ individuellen Ansprache,
→ individuellen Konfiguration von Inhalten.

Zur Realisierung des One-to-One-Marketings via Internet sind vier Schritte erforderlich:

→ Aquise von Kunden,
→ Gewährung von Anreizen,
→ Gewinnung von Kundeninformationen,
→ Entwicklung des Dialogs.

7. Distributionspolitik: Vertrieb und Logistik

Distribution bezeichnet den Prozess der physischen Weiterleitung von Gütern zwischen Hersteller und Abnehmer. Genau genommen geht es somit um die Gestaltung des Absatzes der Produkte auf den Märkten.

Hierzu gehört zum einen die Akquisition neuer Kunden, zum anderen die logistische Abwicklung der Verteilung der Produkte. Ziel muss es sein, die Produkte und Leistungen rechtzeitig an diejenigen Orte zu bringen oder dort zu platzieren, wo sie von den Kunden gekauft werden können. Um diesbezüglich erforderliche Entscheidungen treffen zu können, sollte man wissen, welche Bereiche zur Logistik zu gehören, welche Vertriebskanäle zur Verfügung stehen und welche Aufgaben die Logistik hat.

Die sogenannte Distributions- oder auch Vertriebspolitik umfasst mehr als den reinen Verkauf von Produkten und Leistungen. Distributionspolitik beinhaltet sämtliche Funktionen und Zuständigkeiten im Absatzbereich. Hierzu zählen:

- Wahl der Vertriebskanäle,
- Gestaltung der Vertriebsorganisation,
- Organisation und Steuerung der Logistik.

7.1 Typische Vertriebskanäle

Eine der wichtigsten Entscheidungen betrifft die Art des Vertriebskanals. Dieser Vertriebskanal umfasst diejenigen Unternehmen, die daran beteiligt sind, ein Produkt dem Endverbraucher verfügbar zu machen. Dieses Unternehmen kann z. B. ein Groß- oder Einzelhändler sein oder eine Person wie z. B. ein Handelsvertreter. Es lassen sich der direkte und der indirekte Vertrieb unterscheiden:

- Beim direkten Vertrieb wird keine unternehmensexterne Institution eingeschaltet.
- Beim indirekten Vertrieb wird auf externe Mittler zurückgegriffen.

1. Direkter Vertrieb

Beim direkten Vertrieb verkauft der Hersteller direkt an den Endabnehmer ohne den Einsatz unternehmensfremder Absatzorgane wie z. B. den Handel. Typische Beispiele sind der Verkauf von Maschinen an einen Industriekunden. Prinzipiell lassen sich mehrere Formen des Direktvertriebs unterscheiden:

- Einschaltung von angestellten Reisenden, die vorhandene oder potenzielle Kunden im Auftrag des Unternehmens aufsuchen. Sie führen die Verkaufsberatung durch, nehmen Bestellungen entgegen, bahnen Verkäufe an und/oder schließen Verkäufe ab und betreiben ganz allgemein die Kontaktpflege.

- Verkaufsniederlassungen als Verkaufsstellen des Herstellers, in denen das Unternehmen die Möglichkeit hat, die Produkte direkt zu verkaufen und potenzielle Kunden zu beraten.
- Katalogverkauf, bei dem der Vertrieb über den klassischen Versandhandel erfolgt.
- Homepartys, bei denen die Produkte angeboten werden.
- Telefonverkauf, bei dem die Produkte über das Telefon angeboten werden.
- Teleshopping, bei dem die Produkte über das Fernsehen angeboten werden.
- Onlineshopping, bei dem die Produkte über das Internet angeboten werden.

> **Infobox**
>
> Factory-Outlets, d. h. der Verkauf ab Werk oder in speziellen Centern, zählen auch zum Direktvertrieb, wenn die Unternehmen die Factory-Outlets selbst betreiben.

Zu den wesentlichen Vorteilen des direkten Vertriebs zählen die stärkere Kontrolle des Absatzgeschehens sowie die unmittelbare Kommunikation mit den Endabnehmern. Für diese besteht der wesentliche Vorteil darin, dass die Produkte günstiger erworben werden können, da zwischengeschaltete Absatzmittler, die ebenfalls verdienen möchten, fehlen. Nachteil ist allerdings der hohe absatzorganisatorische Eigenaufwand sowie die nur begrenzte Möglichkeit einer Massendistribution.

2. Indirekter Vertrieb

Indirekter Vertrieb liegt dagegen vor, wenn unternehmensfremde, rechtlich selbstständige Absatzmittler in die Vermarktung eingeschaltet werden. In Abhängigkeit der Anzahl der eingeschalteten Absatzmittler ist der Vertriebskanal ein-, zwei- oder mehrstufig. Bei den eingeschalteten Absatzmittlern handelt es sich zunächst um Groß- oder Einzelhändler.

Großhändler kaufen Waren auf eigene Rechnung und in eigenem Namen beim Hersteller oder bei anderen Großhändlern und verkaufen diese Waren wiederum an Einzelhändler, andere Großhändler, Weiterverwender oder Großverbraucher. Zu den typischen Betriebsformen von Großhändlern zählen:

- Sortimentsgroßhandel mit einem breiten und flachen Sortiment,
- Spezialgroßhandel mit einem tiefen und schmalen Sortiment,
- Streckengroßhandel, der die Produkte direkt vom Hersteller zum Abnehmer transportiert,
- Zustellgroßhandel, der Logistikfunktionen übernimmt,
- Cash-and-carry-Großhandel, bei dem es sich um Selbstbedienungsmärkte für Einzelhändler handelt,

- Rack-Jobber, d. h. Regalgroßhändler, die bestimmte Sortimentsbereiche des Einzelhandels betreuen wie z. B. Haushaltswaren oder Schreibwaren. Die hierfür erforderlichen Regalflächen werden von den Rack-Jobbern angemietet; der Verkauf der Waren erfolgt dann auf eigene Rechnung und eigenes Risiko.

Einzelhändler verkaufen Waren an die Endverbraucher. In Abhängigkeit der angebotenen Waren lassen sich auch hier verschiedene Formen unterscheiden:
- Fachgeschäft,
- Spezialgeschäft,
- Fachmarkt,
- Warenhaus,
- Kaufhaus,
- Versandhandel,
- Supermarkt,
- Verbrauchermarkt,
- Discounter,
- Einkaufszentrum.

Für einen indirekten Vertrieb spricht v. a., dass eine breite Massendistribution möglich ist und dass wichtige Absatzfunktionen auf den Handel und den Absatzmittler verlagert werden können. Dagegen spricht die geringere Kontrolle des Absatzgeschehens – so ist z. B. keine genaue Preisbestimmung möglich – sowie der erschwerte Kommunikationsfluss mit den Endabnehmern. Für den

Kunden besteht der primäre Vorteil darin, dass er z. B. im Handel mehrere Produkte besser vergleichen und damit eine fundiertere Kaufentscheidung treffen kann.

> Ob der Kunde das Produkt im Handel auch wahrnimmt, hängt immer von der Art der Platzierung ab: Die Erstplatzierung ist von der Art des Produktes abhängig. So können Produkte, die der Kunde benötigt, und Sonderangebote an ungünstigeren Stellen platziert werden, während Produkte, die spontan gekauft werden sollen, so platziert werden müssen, dass sie sofort auffallen. Wichtig ist auch die Zweitplatzierung: Hier wird das Produkt noch an einer weiteren Stelle im Laden angeboten.

3. Sonderformen des indirekten Vertriebs

Neben den gezeigten reinen Formen des indirekten Vertriebs existieren noch einige Sonderformen, bei denen der Hersteller trotz des indirekten Absatzes – je nach Art der vertraglichen Bindung – eine mehr oder weniger starke Kontrolle über den Absatzprozess behält. Hier sind zu unterscheiden:

● Vertragshändler, der in eigenem Namen und auf eigene Rechnung beim Hersteller einkauft; vertragliche Verpflichtungen sind das Führen des Herstellersorti-

ments, das Beachten der Preis- und Konditionenpolitik, darüber hinaus die Erbringung bestimmter
Serviceleistungen und die Lagerhaltung. Unterstützt
wird er vom Hersteller durch Werbung und Verkaufsförderungsmaßnahmen; z. T. besteht auch Gebiets-
schutz.

- Franchisenehmer, der rechtlich selbstständig ist, aber
an vertragliche Regelungen mit dem Hersteller, dem
Franchisegeber, gebunden ist. Letzterer stellt Produkt, Marke, Absatz- und Verkaufskonzept zur Verfügung und erhält dafür eine Gebühr vom Franchisenehmer.

- Handelsvertreter, der als selbstständiger Gewerbetreibender für ein anderes Unternehmen in dessen
Namen Geschäfte abschließt oder vermittelt. Die vertragliche Bindung ist auf Dauer angelegt; die Vergütung erfolgt in der Regel über Provisionen, die unter
bestimmten Bedingungen mit einem Fixum verbunden sein können.

- Kommissionär, der als selbstständiger Gewerbetreibender – im Gegensatz zum Handelsvertreter – in eigenem Namen auf Rechnung des Auftraggebers Waren verkauft. Die Vergütung erfolgt hier meist auf
Provisionsbasis.

- Makler, der als selbstständiger Gewerbetreibender
die Geschäfte zwischen Hersteller und Abnehmer
vermittelt und für seine Tätigkeit eine Provision, die
Maklergebühr, erhält.

Die Basis der Zusammenarbeit mit Vertriebspartnern sollte in jedem Fall ein sorgfältig ausgestalteter Vertrag sein, der die gegenseitigen Rechte und Pflichten präzise regelt.

Welche Form des Vertriebs und welcher Absatzkanal nun sinnvoll ist, hängt von verschiedenen Kriterien ab. Hierzu zählen:

- Vertriebskosten,
- Einflussmöglichkeiten des Herstellers,
- Produkteigenschaften,
- Beratungsbedarf des Produktes oder der Leistung,
- Kaufgewohnheiten der Zielpersonen,
- Image der Vertriebsform,
- Vertriebsformen und Vertriebskanäle der Hauptkonkurrenten.

Auf einen Blick

In Bezug auf den Vertriebskanal sind zu unterscheiden:
→ Formen des direkten Vertriebs ohne Absatzmittler,
→ Formen des indirekten Vertriebs mit Groß- und Einzelhandel,
→ Sonderformen des indirekten Vertriebs wie z. B. Handelsvertreter oder Franchisenehmer.

7.2 Vertriebsorganisation

Neben der Entscheidung, welcher Vertriebskanal bzw. welche Vertriebskanäle genutzt werden sollen, ist auch zu überlegen, welche Vertriebsorganisation sinnvoll ist. Im Einzelnen ist hier zu planen, welche Stellen und organisatorischen Einheiten für den Vertrieb im Unternehmen eingerichtet werden. Zu unterscheiden sind an dieser Stelle die folgenden Möglichkeiten:

- Außendienstmitarbeiter, deren primäre Aufgabe der persönliche Verkauf, aber auch der Aufbau persönlicher Kontakte zum Kunden ist,
- Innendienstmitarbeiter, die einerseits als Backoffice für den Außendienst fungieren, andererseits jedoch immer mehr Aufgaben des Verkaufs selbstständig übernehmen.
- Key-Account-Manager, die für die umfassende Betreuung eines oder mehrerer Schlüsselkunden zuständig sind,

Infobox

> **In Abhängigkeit der zugrunde liegenden Zuordnung der Vertriebsmitarbeiter wird häufig auch in Regionalvertrieb (regionale Zuordnung), Produktvertrieb (Zuordnung nach Produkten) und Kundengruppenvertrieb (Zuordnung nach Kundengruppen) unterschieden.**

- Vertriebsleiter, deren primäre Aufgabe die Führung der Vertriebsmitarbeiter sowie die Schaffung eines organisatorischen Rahmens zur Erfüllung der Vertriebsaufgaben ist.

Auf einen Blick

Im Rahmen der Vertriebsorganisation ist zu entscheiden, wie und in welcher Form Außendienstmitarbeiter, Innendienstmitarbeiter, Key-Account-Manager und Vertriebsleitung eingesetzt und organisiert werden.

7.3 Wichtige Aspekte der Logistik

Logistische Entscheidungen betreffen die materielle Bereitstellung von Produkten am Ort der Nachfrage. Die Produkte sollen nach Art, Menge, Termin und Ort bedarfsentsprechend und möglichst kostengünstig zur Verfügung stehen. Im Einzelnen geht es um:

- die Festlegung der Lieferzeiten,
- die Art der Lagerhaltung (selbst oder fremd organisierte Lagerhaltung),
- Transportmittel und -wege (selbst oder fremd organisiert),
- Standortentscheidungen, die z. B. den Standort von Regionallagern oder von einem Zentrallager betreffen.

> **Infobox**
>
> Generell gilt, dass Kunden immer kürzere Lieferzeiten fordern, im Extremfall eine Just-in-time-Lieferung, bei der die Produkte dann geliefert werden müssen, wenn der Abnehmer sie für die eigene Produktion gerade benötigt. Typisches Beispiel sind Autositze, die dann geliefert werden, wenn sie in das Auto eingebaut werden.

Die Logistik steht in direktem Zusammenhang mit dem Gelingen des Vorhabens. Außerdem bietet sie bei jedem neuen Auftrag die Möglichkeit, neue Aspekte hinsichtlich der Organisation zu lernen.

> **Infobox**
>
> Marketing Logistik bedeutet die gezielte Ausrichtung aller logistischen Prozesse entsprechend der Kundenwünsche. Das Anforderungsprofil der Kunden sollte das Belieferungssystem bestimmen, und nicht umgekehrt!

Es gibt sehr viele Faktoren, die bedacht werden müssen, aber das wichtigste Ziel der Marketing Logistik ist nach wie vor, dass folgende Aspekte erfüllt sind:

- die richtige Ware
- in richtiger Menge
- in richtiger Form
- am richtigen Ort
- zur richtigen Zeit.

8. Die weiteren Ps: Personal, Prozesse und physische Erscheinung

Zu Beginn dieses Buches wurde es deutlich: Der klassische Marketingmix, der häufig auch als die 4 Ps (Product, Price, Promotion, Place) bezeichnet wird, wurde mittlerweile um drei weitere Ps ergänzt.

Der Grund hierfür liegt primär darin, dass sich die bisherigen Ps stark auf das Marketing von Sachprodukten beziehen und die Besonderheiten der Dienstleistungen als einen immer wichtiger werdenden Bereich nicht berücksichtigen. Daher erfolgte eine Ergänzung um:

- Personal (Personell), d. h. die Mitarbeiter, die besonders bei der Erstellung von Dienstleistungen eine entscheidende Rolle spielen,
- Prozesse (Process), d. h. Strukturierung und Organisation aller Abläufe; das beinhaltet sämtliche Verfahren, Mechanismen und Tätigkeiten, durch welche Dienstleistungen verbraucht werden,
- physische Erscheinung (Physical Facilitys), d. h. die Ausstattung, die beispielsweise das Erscheinungsbild des Produktionsortes und des Dienstleistungspersonals bestimmt, sowie die zur Erstellung notwendigen materiellen Hilfsmittel.

8.1 Personal – die entscheidende Komponente

Die Einbindung der Mitarbeiter in das Marketingkonzept ist von entscheidender Bedeutung für die Produkt- und Marketingleistung des Unternehmens. Denn ohne Mitarbeiter gibt es – gerade im Dienstleistungsbereich – keine Produkt- und Leistungserstellung und außerdem keine guten Leistungen im Marketing- oder Vertriebsbereich. Insofern spielen Personalpolitik und Mitarbeiterorientierung auch aus Marketinggesichtspunkten eine ganz entscheidende Rolle. Viele sehen darin sogar den wesentlichen Kernbaustein eines gelungenen Marketingkonzeptes, durch den sich beste Ergebnisse erzielen lassen. Was gehört aber dazu?

Mitarbeiterorientierung bedeutet zunächst, dass:

- Mitarbeiterressourcen ähnlich wie andere Ressourcen zielorientiert geplant, gemanagt und verbessert werden,
- das Wissen und die Kompetenzen der Mitarbeiter ermittelt, ausgebaut und aufrechterhalten werden,
- Mitarbeiter beteiligt sind und zu selbstständigem Handeln ermächtigt werden,
- Mitarbeiter und Unternehmen einen ernst zu nehmenden Dialog führen,
- Mitarbeiter belohnt und anerkannt werden.

Zur Realisierung dieser Ziele setzen viele Unternehmen das Konzept des sogenannten Empowerments um. Empowerment bedeutet in diesem Zusammenhang die Übertragung von Kompetenzen und Aufgaben, die früher von den Führungskräften übernommen wurden, an Mitarbeiter im Kundenkontakt.

Denn letztlich haben diejenigen, die direkt mit dem Kunden und dessen Problem konfrontiert sind, den direkten Zugang zur Situation und den möglichen Lösungen. Schließlich sind diese Mitarbeiter „Experten" und sollten daher den organisatorischen Rahmen erhalten, den sie benötigen, um die Probleme zu lösen und entsprechende Entscheidungen fällen zu können.

> **Infobox**
>
> Empowerment erhöht zunächst die Mitarbeiter-orientierung, führt darüber hinaus aber auch zu einer höheren Kundenzufriedenheit und Kundenbindung. Denn – Studien zeigen es immer wieder – je zufriedener der Mitarbeiter, desto zufriedener auch der Kunde.

Die wesentlichen Ansätze zur Realisierung von Empowerment sind:
- Zugang für alle zu allen Informationen,
- Autonomie und weitgehende Dezentralisierung,
- selbst steuernde Teams anstelle von Hierarchien.

Auf einen Blick

Marketing und Vermarktung von Produkten oder Dienstleistungen können nur dann gelingen, wenn Mitarbeiter als Experten an der Schnittstelle zum Kunden gesehen und entsprechend motiviert werden sowie die erforderliche Autonomie erhalten.

8.2 Prozesse – Gestaltung und Optimierung

Aber nicht nur Mitarbeiter spielen eine entscheidende Rolle, sondern auch die Prozesse der Erstellung und Vermarktung von Produkten und Dienstleistungen. Ein Prozess ist eine Abfolge von Tätigkeiten, der ausgehend von Informationen oder Ereignissen – z. B. der Anruf eines Kunden – Daten, Informationen und Eingaben in ein konkretes Ergebnis umgestaltet. Bezogen auf das Marketing haben Prozesse – ähnlich wie das Personal – eine doppelte Bedeutung. Zum einen findet die Vermarktung vieler Dienstleistungen direkt durch den Prozess der Erstellung beim Kunden statt, zum anderen kommt der zielorientierten Gestaltung der Marketingprozesse selbst eine wesentliche Rolle zu. Im Mittelpunkt des Prozesses steht dabei immer der Kunde.

Mit die wichtigste Aufgabe des Prozessmanagements ist die kontinuierliche Identifikation, Führung und Steuerung der kundenorientierten Marketing- und Geschäftsprozesse. Letztlich wird hier auch wieder die zu Beginn des Buches vorgestellte Konzeption der ganzheitlichen Marketingphilosophie deutlich.

Im Einzelnen gehören zur Prozesspolitik:

- systematische Entwicklung, Gestaltung, Verbesserung und Steuerung der kundenorientierten Prozesse und Dienstleistungen,
- Herstellung und Lieferung kundenorientierter Dienstleistungen und Servicekomponenten, auch in Verbindung mit reinen Sachprodukten,
- Management, Pflege und Vertiefung von Kundenbeziehungen.

> **Infobox**
>
> **Gerade im Dienstleistungsbereich beschäftigen sich viele Unternehmen im Rahmen ihres Prozessmanagements mit dem Prozess des Wartens. Denn – wir kennen es alle – der Prozess des Wartens wird von vielen Kunden subjektiv anders und oft viel schlimmer wahrgenommen als er sich objektiv darstellt. Insofern lohnt es sich durchaus, ein Warteschlangenmanagement zur Minimierung der Wartezeiten zu entwickeln. Der Kunde wird es positiv zur Kenntnis nehmen!**

8.3 Physische Erscheinung – die Ausstattung

Die systematische Entwicklung von Dienstleistungen setzt zwar primär bei Mitarbeitern und Prozessen an, hat jedoch auch eine physische Komponente. Man denke nur daran, wie wichtig der erste Eindruck ist, wenn man in ein Restaurant kommt, zu einem Friseur geht oder den Steuerberater in seinem Büro aufsucht. Auch dieser Punkt gehört zum Marketing, denn der dabei entstehende Eindruck beeinflusst die Kaufentscheidung oft mehr als die eigentliche Qualität des Produktes oder der Leistung.

Die Konstruktion und die Entwicklung von Räumen, Ambiente, technischen Systemen und vielem mehr gehören zum Marketing dazu und müssen in Abstimmung mit Produkt und Zielgruppe entsprechend gestaltet und gesteuert werden. Hierzu sind mehrere Schritte erforderlich:

1. Ideenfindung und -bewertung

Zunächst geht es darum, Ideen für die Gestaltung der Umgebung zu sammeln und deren Realisierung vor dem Hintergrund von Wirtschaftlichkeitsüberlegungen zu prüfen. Denn das schönste Ambiente hilft wenig weiter, wenn die Realisierung zu teuer ist.

2. Ermittlung und Bewertung der Forderungen

Parallel zur Sammlung von Ideen sind die von der Zielgruppe gehegten Forderungen und Wünsche zu identifizieren. Dies geht am besten, wenn der Kunde – quasi als Codesigner – in den Kreationsprozess einbezogen wird.

3. Entwicklung, Evaluation und Auswahl eines Konzeptes

Zentrale Phase ist die endgültige Entwicklung des Konzeptes. Im Kern geht es dabei v. a. darum, die Merkmale der zu erfüllenden Leistungen mit den Bedürfnissen der Zielgruppe zu verbinden. Auch hier empfiehlt sich die Einbindung von Kunden.

4. Entwicklung des endgültigen Prozessdesigns

Ziel ist die endgültige Entwicklung und Gestaltung des Designs in all seinen Dimensionen.

5. Implementierung

Hier geht es um die Realisierung und Implementierung des Konzeptes. Dabei empfiehlt es sich, eine Art Pilotphase einzuschalten, in der das Design nochmals geprüft und anschließend die Umsetzung kontrolliert und schrittweise durchgeführt wird.

6. Redesign

Mit der Implementierung ist der Prozess aber noch nicht abgeschlossen. In der Phase des Redesigns geht es darum, gegebenenfalls Fehler und Schwachstellen zu erkennen und diese zu verbessern bzw. gänzlich zu beseitigen.

Auf einen Blick

Der klassische Marketingmix stößt an seine Grenzen, wenn es um die kundenorientierte Gestaltung von Dienstleistungen geht. Insofern wurde der klassische Marketingmix um die folgenden Faktoren ergänzt:
→ Personalpolitik, bei der es um eine nachhaltige Verbesserung der Mitarbeiterorientierung geht,
→ Prozesspolitik, bei der es um die kundenorientierte Gestaltung von Prozessen – v. a. im Dienstleistungsbereich – geht,
→ Ausstattungspolitik, die das Erscheinungsbild des Produktionsortes, der Mitarbeiter sowie der Arbeitsmittel betrifft.

9. Customer-Relationship-Management

Im Rahmen des Buches wurde es immer wieder deutlich: Die Erhöhung von Kundenorientierung, die Verbesserung der Kundenbindung sowie der Aufbau langfristiger Kundenbeziehungen werden für Unternehmen immer wichtiger. Dies gilt sowohl für die kundenorientierte Gestaltung von Marketingmaßnahmen als auch für die kundenorientierte Gestaltung von Prozessen zur Erstellung von Dienstleistungen. Denn es zeigt sich, dass:

- viele Unternehmen zur Akquisition von Neukunden jährlich zweistellige Millionenbeträge investieren,
- die Gewinnung eines Neukunden etwa fünfmal so viel kostet wie das Halten eines Altkunden,
- in vielen Unternehmen ein größeres Ertragspotenzial durch hohe Kundenverluste zunichte gemacht wird,
- Mitarbeiter an der Schnittstelle zum Kunden häufig 50 – 70 % ihrer Zeit für Administrationstätigkeiten statt zur Kundenbetreuung aufbringen.

Infolge müssen sich Unternehmen der hohen Bedeutung der Kundenorientierung und der Kundenbindung bewusst werden und dem Management der Kundenbeziehung, d. h. der Analyse, Planung und zielorientierten Gestaltung einen höheren Stellenwert einräumen. Dies gilt sowohl auf der strategischen Ebene bei der Gestaltung des Prozesses der Kundenbindung als auch auf der operativen Ebene bei der Umsetzung der Strategien. Damit die Umsetzung noch einfacher und effizienter gelingt, existiert mittlerweile eine Vielzahl von z. T. informations- und kommunikationstechnisch unterstützten Lösungen. Zielsetzung und Instrumente werden unter dem Begriff Customer-Relationship-Management zusammengefasst. Da das Customer-Relationship-Management eine wichtige Basis für das Marketing darstellt – z. B. um auf den Kunden zugeschnittene Marketingmaßnahmen zu planen oder kundenorientierte Dienstleistungsprozesse erstellen zu können –, sollen im folgenden Abschnitt Prinzip, Ziele, Konzept und Instrumente des CRM aufgezeigt werden.

9.1 Prinzip und Ziele des CRM

Das Customer-Relationship-Management bzw. das Management von Kundenbeziehungen bezeichnet die Analyse, Steuerung, Gestaltung und das Controlling von Geschäftsbeziehungen zu den Kunden. Dabei werden mehrere Ziele verfolgt:

- die Gewinnung von Informationen über den Kunden,
- der Aufbau einer langfristigen Kundenbeziehung,
- die Intensivierung der Kundenbindung,
- die Möglichkeit einer präziseren Kundenselektion,

- die Chance für individualisierte und personalisierte Produkte und Leistungen für den Kunden,
- eine stärkere Interaktion mit dem Kunden,
- eine stärkere Integration des Kunden in die Erstellung der Produkte und Leistungen,
- die Automatisierung von Verkaufs- und Serviceprozessen.

Das Customer-Relationship-Management spielte für das Marketing schon immer eine wichtige Rolle. Durch neue Informations- und Kommunikationstechnologien und insbesondere durch das Internet entstehen jetzt jedoch neue Möglichkeiten der Unterstützung.

> **Infobox**
>
> Internet und E-Business stellen nicht nur neue Möglichkeiten der Unterstützung des CRM in Unternehmen dar, sie fordern sogar ein verstärktes CRM – denn der Konkurrent ist im Internet nur einen Mausklick entfernt und der Kunde weiß die sich im Internet ergebende Transparenz für seine Kaufentscheidungen sehr wohl zu nutzen.

Zu den wichtigsten Aufgaben zählen:
- Unterstützung bei der Gewinnung relevanter Daten und Informationen über den Kunden,
- Analyse und Auswertung dieser Daten als Basis für die Entwicklung individualisierter und personalisierter Strategien, Produkte und Services,

174

- Realisierung der Strategien soweit wie möglich auf der Basis verschiedener Online- und Offlinemedien,
- Unterstützung und Automatisierung sämtlicher administrativer Abwicklungsprozesse an der Schnittstelle zum Kunden.

9.2 Realisierung des CRM

Die Realisierung des CRM erfolgt auf der strategischen und operativen Ebene. Auf der strategischen Ebene geht es um die Definition einer CRM-Strategie. Sie umfasst folgende Kernaspekte:

1. Bildung von Kundensegmenten:

Bei einem Kundensegment handelt es sich um eine Gruppe von Kunden mit ähnlichen Charakteristika und Bedürfnissen. Um den Kunden individuell ansprechen zu können und auf ihn abgestimmte individuelle Leistungen konfigurieren zu können, müssen Unternehmen zunächst wissen, mit welchen unterschiedlichen Kundensegmenten sie es zu tun haben. Die Bildung von Kundensegmenten kann nach unterschiedlichen Kriterien erfolgen. Zu den wichtigsten zählen die folgenden:

- Welchen Beitrag leistet der Kunde für das Unternehmen? Wie wichtig ist der Kunde für den Erfolg des Unternehmens? Es liegt nahe, sich mit einem CRM-Ansatz zunächst um diejenigen Kunden zu kümmern, deren Wert für das Unternehmen vergleichsweise hoch ist.

- An welchen Produkten hat der Kunde Interesse? Hieraus lassen sich konkrete Hinweise auf die individuelle Ansprache der Kunden ableiten.

- Welche Erwartungen und welche Bedürfnisse hat der Kunde? Hier ist zu unterscheiden zwischen den Erwartungen und Bedürfnissen, die sich auf die Abwicklung beziehen, und denjenigen Erwartungen und Bedürfnissen, bei denen es sich um die Qualität und die Eigenschaften des Produktes handelt: Welche Qualität und welche Eigenschaften wünscht der Kunde, welchen Nutzen erwartet er sich von dem Produkt. Wichtig ist diese Unterscheidung vor allem dann, wenn nicht direkt an den Endkunden verkauft wird, sondern über Händler. Dann beziehen sich die abwicklungsbezogenen Erwartungen und Bedürfnisse auf den Händler, während sich die produktbezogenen Erwartungen und Bedürfnisse auf die Endkunden beziehen.

- Welche persönlichen Daten liegen zugrunde? Häufig erfolgt die Kundensegmentierung nach persönlichen Daten wie Geschlecht, Alter, Ausbildung, Beruf, Familienstand, Herkunftsland etc.

Die Segmentierung der Kunden erfolgt häufig nach A-, B- oder C-Kunden. A-Kunden sind diejenigen, die den meisten Umsatz machen – meist sind es gar nicht so viele –, während C-Kunden diejenigen sind, die den geringsten Umsatz machen. Bei den dazwischenliegenden B-Kunden wird konkret überlegt, ob sie zu A-Kunden weiterentwickelt werden können.

2. Planung des Dialogs mit dem Kunden / Festlegung geeigneter Kundenschnittstellen

Für die jeweiligen Kundensegmente wird im nächsten Schritt festgelegt, wie sich der Dialog gestaltet und welche Kundenschnittstellen jeweils geeignet sind. Hierbei geht es primär um die Frage:

- welche Form des Dialogs (interaktiv, persönlich oder anonym) geeignet ist,
- welche Kundenschnittstelle (persönlich, klassisch per Brief oder elektronisch per Telefon, Fax, Internet) geeignet ist,
- welches individuelle Serviceangebot geeignet ist.

Beliefert ein Sportartikelhersteller beispielsweise einen kleineren Sporthändler, der nur persönlich besucht werden möchte und zusätzliche Produktinformationen fordert, hat es wenig Sinn, ihn in den E-Mail-Verteiler aufzunehmen. Präferiert dagegen ein Katalogversandhaus die anonyme, direkte Kommunikation und Bestellung über das Internet, muss sich der Sportartikelhersteller darauf einstellen.

3. Anpassung der Prozesse

In einem dritten Schritt sind in Abhängigkeit der Kundensegmentierung und der Planung des Kundendialogs die zugrunde liegenden Prozesse der Schnittstelle zum Kunden anzupassen. Vor allem geht es um folgende Entscheidungen:

- Welche Informationen über den Kunden bzw. die zugrunde liegenden Kundensegmente sind relevant?
- Wie lassen sich diese Informationen gewinnen?
- Welche Maßnahmen sind in Abhängigkeit des jeweiligen Kundensegmentes in den einzelnen Phasen der Kundenbeziehung sinnvoll, um den Kunden zu halten und eine langfristige Kundenbeziehung aufzubauen?

Auf der operativen Ebene geht es schließlich um die effiziente und einfache Umsetzung der entwickelten strategischen Maßnahmen. Hier stellen informations- und kommunikationstechnische Instrumente eine wichtige Hilfe dar.

> **Infobox**
>
> Beim CRM geht es sowohl um die Erarbeitung eines Konzepts für das ganze Untenehmen als auch für die einzelnen Spezialbereiche.

9.3 Potenziale des CRM

Werden all diese Schritte durchgeführt, lassen sich erhebliche Potenziale erkennen:

1. Entwicklung einer integrierten und konsolidierten Informationsbasis

Unternehmen verfügen in der Regel über vielfältige Informationen über Kunden, Produkte und Wettbewerber etc. Meistens sind diese verschiedenen Daten bei verschiedenen Mitarbeitern und Kundenbetreuern gespeichert und zum Teil sogar in unterschiedlichen Systemen abgelegt. Die Folge ist zum einen ein erheblicher Aufwand, die verschiedenen Daten zur Analyse zusammenzutragen, zum anderen besteht das Risiko, dass aus den vorhandenen Datenbeständen unzureichende oder auch falsche Analyseergebnisse ermittelt werden, die zu falschen Entscheidungen und Maßnahmen führen. Gelingt es dagegen, alle gespeicherten Informationen in einem CRM-System zu integrieren und unter einem einheitlichen Format so zu speichern, dass die Daten konsistent sind und sich auf ihrer Basis plausible Auswertungen und Analyseprozesse durchführen lassen, ist eine wichtige Grundlage für eine bessere kundenorientierte Gestaltung von Marketingmaßnahmen geschaffen. Daneben lassen sich erhebliche Kosten- und Zeiteinsparungen realisieren, da existierende Datenbanken wegfallen können und der Aufwand für die Pflege und Aktualisierung doppelt gespeicherter Daten entfällt.

2. Bessere Möglichkeiten für die Analyse der Informations- und Datenbasis

Der Nutzen der integrierten Datenhaltung ist noch höher, wenn es gelingt, durch eine systematische Analyse und Auswertung dieser Daten neue Informationen über Kunden zu erhalten. Möglich ist dies z. B. durch den Einsatz von Methoden des Datamining. Das Datamining ist die Analyse großer Datenvolumina mit technischen, automatisierten Methoden zum Ziel der Mustererkennung, um neue, handlungsrelevante Erkenntnisse und Informationen zu gewinnen.

> **Infobox**
>
> Das Datamining kann aber auch seltsame Ergebnisse bringen. So wurde im Rahmen eines für einen Supermarkt durchgeführten Dataminings festgestellt, dass der typische Käufer Windeln trägt und Bier trinkt.

3. Entwicklung kundenindividueller und personalisierter Strategien

Auf dieser Basis ergeben sich wiederum interessante Anhaltspunkte für eine Personalisierungsstrategie, wie sie schon im Rahmen der Ausführungen zum One-to-One-Marketing erfolgt ist. Ziel ist die individuelle Ansprache des Kunden sowie die individuelle Konfiguration von Produkten und Leistungen.

4. Kundenindividuelle Distribution der relevanten Informationen

Die verschiedenen auf den Kunden zugeschnittenen Informationen und Aktionen lassen sich über mehrere Kanäle verteilen. In diesem Zusammenhang wird auch von der Multichannel-Strategie gesprochen. Dies bedeutet, dass das Unternehmen mehrere Kanäle zur Information des Kunden bzw. Kommunikation mit dem Kunden zur Verfügung stellt. Zu diesen Kanälen zählen z. B. Telefon, Telefax, persönlicher Besuch, E-Mail oder die individuelle Webseite im Internet. Der Kunde kann sich aussuchen und mitteilen, wie er angesprochen werden möchte. Damit lässt sich sicherstellen, dass der Kunde über den von ihm präferierten Kommunikationskanal angesprochen wird.

5. Realisierung interaktiver Kommunikationsprozesse mit dem Kunden

Dadurch erhöht sich die Chance, mit dem Kunden in einen interaktiven, langfristigen Dialog zu treten, um ihn zu informieren und dabei wichtige Informationen über ihn, die Konkurrenten bzw. das zugrunde liegende Produkt- und Leistungsprogramm zu erhalten. Voraussetzung dafür, dass auch der Kunde zu diesem Dialog bereit und auch gewillt ist, Informationen über sich, seine

Probleme, Bedürfnisse und Interessen tatsächlich offenzulegen. Dies gelingt nur, wenn der Kunde Vertrauen zum Unternehmen hat, den Nutzen für sich erkennt oder durch Anreize wie Gewinnspiele, Belohnungen, Preise dazu motiviert wird.

Infobox

Der zunehmende Wettbewerbsdruck, neue Kunden-Lieferanten-Beziehungen, das veränderte Kaufverhalten von Konsumenten und der Einsatz verschiedener Kommunikationskanäle zwingt die Unternehmen, mit neuen Instrumenten auf die schnellen Veränderungen des Marktes zu reagieren. Da sich Produkte und Dienstleistungen immer mehr angleichen, ist die Qualität des gesamten Leistungssystems einschließlich des Kundenservice entscheidend, um sich von den Wettbewerbern positiv abzuheben.

Auf einen Blick

CRM umfasst die systematische Auswertung kundenbezogener Daten und Informationen, um kundenorientierte Marketingmaßnahmen und Dienstleistungsprozesse zu realisieren und somit die Kundenorientierung als Schlüsselfaktor des Marketings in den Vordergrund zu stellen.

Register

Register

N

Register

Register

Register